Zov

PÁVEL FILÁTIEV

ZOV

El soldado ruso que ha dicho no a la guerra de Ucrania

Traducción de
Andrei Kozinets

Galaxia Gutenberg

Título de la edición original: *Zov*
Traducción del ruso: Andrei Kozinets Kozinets

Publicado por
Galaxia Gutenberg, S.L.
Av. Diagonal, 361, 2.º 1.ª
08037-Barcelona
info@galaxiagutenberg.com
www.galaxiagutenberg.com

Primera edición: enero de 2023

© Pavel Filatyev, 2023
© de la traducción: Andrei Kozinets, 2023
© Galaxia Gutenberg, S.L., 2023

Preimpresión: Maria Garcia
Impresión y encuadernación: Romanyà-Valls
Pl. Verdaguer, 1 Capellades-Barcelona
Depósito legal: B 36-2023
ISBN: 978-84-19392-49-7

En el momento en que escribo esto, ha pasado un mes y medio desde que volví de la guerra de Ucrania. De acuerdo, de acuerdo, ya lo sé, no se puede decir *guerra*, esta palabra está prohibida en Rusia. Sin embargo yo diré justo eso: *guerra*. Creedme, tengo treinta y tres años y llevo toda la vida diciendo solo la verdad, aunque eso me perjudique; así soy de incorregible, y no puedo hacer nada al respecto.

Así pues, esto es una guerra: nuestro Ejército, el ruso, dispara contra el Ejército ucraniano, que a su vez responde disparando. Allí explotan obuses y misiles. ¿Habéis oído alguna vez el sonido de un obús que se acerca volando? Si no lo habéis oído, es una pena. La sensación que provoca es inolvidable: el aire vibra y silba, haciendo que se te revuelvan las tripas y, sencillamente, se te corta la respiración. Acto seguido, si eres afortunado, oyes la detonación y piensas que ese día estás de suerte, siempre y cuando sientas, además, que la onda expansiva no te ha arrancado ninguna parte del cuerpo o que ningún fragmento de metralla ha impactado en ti. Y si algo no ha ido bien, entonces no es tu día, mala suerte. En pocas palabras, menuda faena…

Por si esto fuera poco, mueren militares de ambos bandos, así como los civiles que *tuvieron la mala suerte* de residir allí donde se decidió desencadenar una guerra, llamándola *operación especial*.

Ah, sí, además no hay que perder de vista todo aquello que es inherente a la guerra: el hambre, las enfermedades, las noches sin dormir, la falta de higiene y un exceso constante de adrenalina que consume los recursos de tu organismo, pero que, momentáneamente, te proporciona vigor, rapidez y reflejos. Tan solo después, una vez que has vuelto del campo de batalla, te sientes como un limón exprimido y te das cuenta de que tu salud ya no es la de antes en absoluto.

También sientes la carga de la conciencia moral que oprime tu corazón y tu alma –si es que las tienes, por supuesto– porque, inevitablemente, te preguntas para qué lo haces y en nombre de qué. ¿Para qué arriesgas tu vida y malogras tu salud? ¿Para qué ensucias tu karma que, tal vez, no es de lo más puro?

A continuación explicaré cómo fui testigo de esa guerra y cómo, en general, fui a parar allí. Estoy al tanto de la responsabilidad penal por revelar y difundir información sobre mi servicio, pero ocultarla contribuiría a aumentar todavía más las pérdidas humanas.

24 DE FEBRERO, 00.00 HORAS

La marcha duró poco, atravesamos unos campos. Durante la noche había llovido, el camino estaba enfangado. Me desperté, tal vez a las dos de la madrugada. La columna, de varias filas, estaba formada en algún lugar perdido de la mano de Dios, a lo largo de la vía férrea, con los motores y las luces apagados. Se nos dio la orden de colocarnos unas bandas de tela blanca, para distinguirnos del enemigo, en el brazo izquierdo y la pierna derecha; para tal fin se empezaron a distribuir unos rollos de cinta, aparecidos de repente de no se sabe dónde.

Cuando partimos del campo de maniobras, el 19 de febrero, habían pintado sobre los vehículos una raya blanca en diagonal. La noche del 23 de febrero, en la salida, se les ordenó a los conductores añadir otra raya, y así se formó una marca de «visto», una «V». Ahora, apostados en la oscuridad total en algún punto junto a las vías, enrollándonos los brazos y las piernas con la cinta, los conductores habían recibido el aviso de seguir trazando rayas. Así apareció una «Z».

Mientras esperábamos, intercambiando frases y fumando junto a los vehículos alineados de forma compacta, los hombres del vehículo vecino, que remolcaba una pieza de artillería, se pusieron a tratar de convencerme de que me uniera a ellos, ya que solo eran tres en vez de cinco, la cantidad reglamentaria para una dotación. En esas, en medio de la oscuridad, se acercó su jefe de pelotón, un teniente joven, que me dijo que, verdaderamente, les faltaban manos: «Anda, ven con nosotros».

Les hice caso: cogí mi ametralladora RP y el casco, y me fui a su camión URAL, pensando que tal vez allí sería útil, aunque, de todos modos, no entendía nada de morteros. Después de cargar la mochila y el casco en la caja del camión, empecé a trepar por la cubierta sin abatir, a oscuras. En el momento de sobrepasar la cubierta, me enganché con los cargadores que llevaba en el chaleco antibalas; el pantalón me impidió alzar la pierna lo imprescindible y me quedé medio colgado de la cubierta, con el chaleco enganchado a ella. Finalmente, me dejé caer cabeza abajo dentro de la caja y, al instante, grité de dolor. En la oscuridad, mi ojo pareció chispear...

Sin entender bien qué había pasado, ya dentro de la caja, me llevo la mano al ojo derecho y lo noto algo mojado y muy dolorido... Alrededor todo es oscuridad; alguien intenta encender un mechero para iluminarme la cara. Me quito la mano del ojo y trato de averiguar si veo con ambos ojos o solo con uno. El que me ilumina la cara suelta: «¡Joder!».

Enseguida le pregunto si tengo el ojo en su sitio. Sin dejar de iluminarme la cara, me dice: «¡Quita las manos, que no lo veo!».

Reparo en las manchas de sangre sobre mi mano y noto algo caliente fluir, deslizándose por mi rostro. Resulta que el ojo está entero, pero me he desgarrado ambos párpados. Al examinar la caja del camión a la tenue luz del mechero, caigo en la cuenta de que me he dado en el ojo con el asa de un termo para el rancho propiedad del Ejército. Le doy una patada al termo con rabia. Me vuelvo y veo a un chico joven, el que dispara el mortero. El camión está atestado de cajas con proyectiles; veo el mortero, el trípode, el visor. Así que habrá que viajar de esa manera, sobre las cajas. Me puse a cavilar sobre qué necesidad tenía de estar allí, a mis treinta y tres años: ¿acaso no había tenido suficiente con mis aventuras en el Cáucaso? Mejor habría sido quedarme en mi compañía, con la boca cerrada; menos mal que no he perdido el ojo. El chico joven y yo nos presentamos, fumamos un cigarrillo y nos volvemos a dormir...

En abril fui evacuado del frente de Nikoláyev por una querato-conjuntivitis. De resultas de un bombardeo contra nuestra posición, un trozo de tierra cayó volando en la trinchera y se me metió en el ojo: nada agradable, pero, en definitiva, era una tontería, se puede decir que tuve suerte. Se me inflamaron ambos ojos, uno se cerró y, al cabo de unos días, el sanitario dijo que debía ser evacuado, puesto que corría el riesgo de perder el ojo si no me lo curaban. Me llevaron a la unidad médica que se encontraba en la ya entonces ocupada Jersón, y de allí fui evacuado a Sebastopol.

Los sentimientos que experimentas mientras abandonas el campo de batalla son indescriptibles...

Dos meses de mugre, hambre, frío, sudor y la sensación de la proximidad de la muerte en todo momento. Es una lástima que no permitan a los reporteros ir a la primera línea del frente, donde nos encontramos nosotros, privando así a todo un país de la posibilidad de admirar a los paracaidistas: estamos allí sin lavar ni afeitar, mugrientos, demacrados y furiosos. Es difícil saber con quién estamos más enfadados, si con los tercos ucranianos que no acceden a *desnazificarse*, o con nuestro propio mando incompetente, que ni siquiera es capaz de organizar el abastecimiento de las tropas en medio de una guerra. La mitad de mis compañeros cambiaban su equipo por uno ucraniano porque este era más cómodo y de mejor calidad, o porque el suyo propio estaba gastado a más no poder. Resulta que nuestro gran país es incapaz de vestir, equipar y alimentar a su propio Ejército. Yo mismo, por ejemplo, desde el principio carecía del equipo de combate Ratnik[1] y crucé la frontera sin tener siquiera un saco de dormir. Una semana después, mis compañeros me consiguieron uno viejo –que conste que no fue gracias al mando–, con la cremallera rota. No exagero si digo que estaba encantado con él. Dormir en el suelo en invierno dentro de un saco raído en la primera línea del frente era toda una experiencia (en marzo, en Ucrania, las temperaturas son gélidas). En resumen, mediado el mes de marzo, empecé a tener dolores en la espalda y en las piernas; durante bastante tiempo creí que se trataba de dolores musculares y articulares, y aguanté como un idiota, cojeando y achacando mis dolencias al hecho de que casi no nos quitábamos el casco ni el chaleco antibalas. Posteriormente, sin embargo, me enteré de que el haber dormido sobre el suelo congelado, la falta de agua y de comida, junto con el exceso de esfuerzo físico, me habían provocado una osteocondritis general en la columna vertebral, una hernia cervical, una hernia secuestrada en la región lumbar y unos dolores de origen desconocido en las articulaciones de las piernas.

Así pues, la evacuación. Después de pasar dos meses en el frente, ¡pam!, te sacan de allí, y lo que sientes es, a la vez, la alegría de haberte librado de aquella mierda y la pena porque tus compañeros sigan allí, con un futuro incierto. Es decir, el sentimiento de dicha por uno mismo se mezcla con el de culpa para con los camaradas que se quedan mientras tú te vas.

Viajamos a bordo de un autobús PAZ: el conductor y veinte personas heridas, sucias, extenuadas, con el uniforme manchado de sangre; los rostros de los gravemente heridos irradiaban tristeza y dolor, mientras que quienes habían salido por su propio pie se alegraban de estar, por fin, a salvo. Como yo no estaba herido, sino que era una baja por enfermedad, viajé sentado

---

1. Equipo personal de combate que incluye el chaleco antibalas, el casco y un sistema de comunicación por radio. *(Esta y el resto de las notas a partir de ahora, salvo la que se indica como nota del autor: N. del T.)*

sobre el escalón de la puerta (no había sitio para todos, y muchos de los que iban en el bus habían tenido menos suerte que yo). El viaje iba a durar entre cinco y seis horas, no lo recuerdo con exactitud; justamente entonces me relajé y empecé a reflexionar acerca de los dos últimos meses de mi vida, sobre su significado, sobre si era necesario haber estado allí, sobre si mis acciones habían sido buenas o malas, cuál era el sentido de mi participación y qué había hecho, en general, para ir a parar a aquella guerra. Desde entonces y hasta ahora, en mi interior no cesa ese monólogo, que consiste en un cóctel compuesto de consideraciones de orden moral, sentimientos patrióticos y razones de sentido común.

Si me guiara por los estereotipos, razonaría al respecto que soy militar, paracaidista, que estoy obligado a cumplir órdenes y que no tengo derecho a acobardarme y a negarme a ir a la guerra cuando esta ha empezado. Según ese orden de cosas, mi deber es servir a mi país y defender al pueblo ruso. No obstante, mi sentido común reacciona enseguida, planteando objeciones a mis razonamientos y preguntas incómodas.

«¿Estaba Rusia amenazada por Ucrania?»

En mi entorno, todos argumentan, justificando la invasión de Ucrania, que esta tenía la intención de entrar en la OTAN. No obstante, ¿acaso hemos atacado militarmente a los países de su órbita? Letonia, Lituania, Estonia y Polonia son miembros de la OTAN. Ahora es Finlandia la que se postula para sumarse a ella. No hace mucho, un avión ruso fue abatido sobre territorio turco, y lo olvidamos rapidito; tenemos una disputa territorial con Japón por las islas Kuriles. Qué diablos, tenemos frontera con Estados Unidos al este. Pero todo eso, por alguna razón, no ha servido de excusa para empezar una guerra. La verdad es que no hemos atacado hasta la fecha a esos países, ¿o es que es, simplemente, una cuestión de tiempo?

Resulta, pues, que esa no es la verdadera razón.

«¿Si no hubiésemos atacado Ucrania, esta nos habría atacado a nosotros?»

Muchos, haciéndose eco de lo que dice la televisión, afirman que lanzamos un ataque preventivo, pero ¿cómo es posible creer que Ucrania habría atacado Rusia o Crimea, cuando el Ejército ucraniano ni siquiera ha podido proteger las fronteras de su propio territorio? Ahora mismo, los ucranianos están combatiendo una guerra defensiva, sufriendo enormes bajas. Cualquiera sabe que es más fácil combatir defendiéndose que atacando. ¿Cómo, entonces, podía haber atacado un país que se defiende a duras penas, cediendo, aunque despacio, su territorio? Y, en caso de que la amenaza ucraniana fuese real, ¿no habría sido más acertado que nuestro Ejército simplemente reforzara la frontera con Ucrania y, si esta atacara, hiciera frente al invasor desde una posición de defensa, destruyendo su potencial ofensivo y pasando al contraataque? De ese modo, nuestras bajas habrían sido mucho menos numerosas y la opinión pública mundial no habría podido acusar a Rusia de agresión, *definiéndolo* como invasor y ocupante. No parece que sea verdad que Ucrania tuviera intención de atacar a Rusia.

«¿Ha subyugado el nazismo a Ucrania menoscabando los derechos de la parte rusoparlante de su población?»

Yo he hablado con gente que vivía en Ucrania antes de la guerra y, por extraño que parezca, ninguna pudo recordar ni un caso concreto de discriminación o maltrato por el hecho de llevar un apellido ruso o porque no supieran hablar ucraniano. De hecho, en todos los países del mundo se dan casos aislados de conflictos cotidianos con trasfondo étnico.

«¿Atacamos Ucrania para salvaguardar la DNR y la LNR?»[1]

¿Qué son la DNR y la LNR? *De facto* y *de jure*, son dos territorios que formaban parte del Estado ucraniano y que luego se alzaron en armas buscando independizarse. ¿No sería lo mismo que si Karelia decidiera pasar a formar parte de Finlandia; la región de Smolensk, de Lituania; la de Rostov, de Ucrania; Yakutia,

---

1. DNR y LNR son los acrónimos en ruso de las repúblicas separatistas de Donetsk y Lugansk, respectivamente.

de Estados Unidos, y Jabárovsk, de China? ¿Acaso no sería lo mismo? ¿Por qué razón defendemos la DNR y la LNR? ¿Acaso ha mejorado la vida de la gente corriente en Donbás gracias a ello? Aparte, en la Federación de Rusia jamás habríamos tolerado algo así, como en su momento no accedimos a la independencia de Chechenia, pagando por ello con miles de vidas humanas. ¿Por qué razón entonces lo toleramos en un país vecino? Además, a pesar del apoyo del Gobierno ruso, la élite gobernante de la DNR y la LNR no proporcionó a sus ciudadanos garantías sociales ni seguridad, por lo que la gente tuvo que huir en masa a Rusia, Crimea y Ucrania. En mis conversaciones con personas huidas de la guerra de Donbás jamás oí mencionar actitudes nazis de las que se quejan a voz en grito nuestros medios de comunicación. Todas y cada una de aquellas personas, más bien, afirmaban que habían huido de la guerra y que lo que querían era, ni más ni menos, vivir y trabajar en paz. Si realmente queríamos ayudar por todos los medios a la gente de Donetsk y Lugansk, ¿por qué entonces no nos limitamos a conceder a todos los que lo desearan el pasaporte ruso? Tenemos en Rusia un exceso de territorios baldíos que todavía no ha tocado la mano humana: que vengan los habitantes de Donbás, que vivan y trabajen junto a nosotros, hay espacio suficiente. ¿De qué utilidad nos serán los territorios ocupados de otro país? ¿Para qué? ¿Acaso tenemos poco territorio? ¿Cómo es posible que todos aquellos que querían vivir en Rusia no hayan obtenido aún el pasaporte ruso y no se hayan trasladado a vivir a nuestro país?

24 DE FEBRERO, 4.00 HORAS

Alrededor de las cuatro de la madrugada vuelvo a abrir los ojos, oigo un estruendo, un rumor sordo, noto la vibración de la tierra y un fuerte olor a pólvora en el aire. Aparto la cubierta de la caja del camión y me asomo afuera: el cielo está iluminado por las descargas de artillería; no se entiende si son las nubes o es el humo el que fulgura en la oscuridad. A ambos lados de nuestra columna está disparando la artillería reactiva, se oyen las potentes descargas de los cañones de largo alcance, según parece, en algún punto de nuestra retaguardia.

La atmósfera rebosa alarma, el sueño se esfuma enseguida, la fatiga provocada por la escasez de comida, agua y descanso desaparece. No está claro lo que está sucediendo; quién, desde dónde y contra quién está disparando. Un minuto más tarde, al encender un cigarrillo para despejarme del todo, comprendo que están haciendo fuego hacia un lado, frente a nuestra columna, a una distancia de entre diez y veinte kilómetros. A mi alrededor, la gente empieza a despertarse y a fumar; se oye un rumor quedo: «Ya ha comenzado».

Quizá tengamos algún plan...

Después de acabar de fumar y mientras digería lo que estaba viendo, tuve un subidón de adrenalina mezclado con una carga de vigor; noté una lucidez y claridad de pensamiento inusuales, junto con la conciencia ansiosa de que, esta vez, la escena sería distinta de aquello de «Crimea es nuestra».[1] Tuve un presentimiento nítido del desastre. Pero aún no conseguía entender lo que sucedía: ¿estábamos haciendo fuego contra el avance de los ucranianos? ¿O tal vez contra la OTAN? ¿Éramos nosotros los que estábamos atacando? ¿Contra quién estaba dirigido aquel bombardeo infernal? ¿De dónde había salido la artillería reactiva? ¿Era a causa de un referéndum en las repúblicas de Donbás? ¿Se trataba de la captura de Jersón? ¿Nos había atacado Ucrania con ayuda de la OTAN?

Sea como sea, tendremos algún plan.

El Ejército está organizado de tal forma que no hay nadie a quien hacer preguntas. Aparte, daba la impresión de que el mando fuera recibiendo órdenes sobre la marcha, paulatinamente. Cuanto más alto es el cargo que ocupas, más información tienes; en calidad de paracaidista contratado, mi nivel era similar al de un caballo al que llevaran a castrar. Nadie, jamás, me da ninguna explicación. Lo único que puedo hacer es o bien tirar el arma, huir corriendo y convertirme en un cobarde, o bien seguir al resto.

Hace años fui entrenador de caballos, incluso uno bueno, al parecer. Pero luego probablemente me volví loco y decidí volver al Ejército.

En una ocasión, junto con un compañero, compré una docena de caballos jóvenes y salvajes, destinados al matadero. Habíamos decidido que, como iban a morir en una planta de procesamiento de carne, los compraríamos a precio de carne, los castraríamos y adiestraríamos un poco para poder venderlos después. Así, los caballos seguirían con vida y nosotros saldríamos ganando. A pesar de que aquello no nos gustaba a ninguno de los dos y de que nos compadecíamos de los caballos sinceramente, hicimos aquel sucio trabajo, con la excusa de escoger el mal menor.

1. Una consigna de la época de la anexión de Crimea por Rusia. El autor se refiere al hecho de que la invasión de esa península por las tropas rusas no encontró resistencia por parte del Ejército ucraniano.

Así pues, para poder castrar a un caballo salvaje, había que domarlo siquiera un poco, para que se dejara embridar y conducir por una persona. Aquellos animales grandotes ya tenían dos años de edad, y no era posible dominarlos simplemente a base de fuerza. Tuvimos que recurrir a un sinfín de artimañas, con un riesgo enorme para nuestra salud. Cuando un caballo ya se dejaba embridar y nos seguía, obediente, lo conducíamos al redil y, en vez de ofrecerle la golosina habitual, lo atábamos, lo tumbábamos en el suelo y le cortábamos los huevos...

El caballo no tenía ni idea de lo que lo aguardaba. Había aprendido que, si le mandaban ir a un sitio, era mejor hacerlo; así, lo dejaban en paz y encima luego le daban un azucarillo. Para un *kontráktnik*,[1] el Ejército funciona de la misma manera: vaya usted allí, venga usted aquí, buen chico, bien hecho, y ahora vaya allí. Todo eso, en algún momento, te lleva a la ruina. Pero tú estás amaestrado, no tienes por qué saber nada, simplemente tienes que hacer lo que te manden. Ahora entiendo que me han utilizado, del mismo modo en que yo en otra época usaba a los caballos: recurriendo a la astucia (medios de comunicación y patriotismo), a la fuerza (la ley y el castigo), al azúcar (el salario), o al elogio (condecoraciones y promoción). En algún lugar, allá en las alturas, hay cierto hombrecito que es más listo, más fuerte y que está mejor informado que el resto. Utiliza las mismas herramientas que utilizaba yo con los caballos para obtener lo que quería de ellos. La cuestión es qué objetivos se propone este hombrecito: si elige el mal menor, si gana dinero, como un veterinario contratado para realizar el procedimiento, si pretende que los caballos obedezcan más y mejor o si, simplemente, es un sádico. Solo el hombrecito conoce la respuesta.

---

1. Soldado profesional. El Ejército ruso está integrado por militares profesionales y por reclutas.

Ah, perdón, se me olvidaba presentarme... Soy el subsargento de la Guardia Filátiev, de la 6.ª compañía, 2.º batallón, 56.º Regimiento, 7.ª División de Asalto Aéreo.

Esto es, soy sargento de la misma 56.ª Brigada de Asalto Aéreo que nuestro ministro de Defensa, S. K. Shoigú, ordenó disolver inmediatamente antes de esta guerra, quizá para igualar la capacidad militar rusa con la ucraniana. El año pasado, la brigada fue disuelta. Una brigada completa, equipada y consolidada de tres mil paracaidistas, compuesta por tres batallones de asalto aéreo, un batallón de aerotransporte, un batallón de reconocimiento, un batallón de tanques, con su propio parque de artillería y sistema antiaéreo: esa brigada en la que casi no había vacantes, formada a lo largo de veinte años en la ciudad de Kamishin, ¡la disolvieron! La disolvieron sin importar el destino de las familias de sus integrantes, a los que repartieron por toda Rusia.

Para sustituir a la brigada, formaron un regimiento. Bueno, de regimiento solo tenía el nombre: dejaron en plantilla un solo batallón de asalto aéreo, lo trasladaron a la ciudad de Feodosia, en Crimea, y lo fusionaron con el 171.º Batallón de Asalto, que estaba acuartelado allí. Así pues, con los dos batallones formaron un «regimiento» integrado por un batallón de paracaidistas, un batallón de asalto aéreo y una compañía de reconocimiento cuyo número de efectivos era igual al de un pelotón. ¡Eso no es un regimiento! Por si eso fuera poco, el batallón de asalto aéreo tampoco estaba completo al cien por cien. Además, nuestros ilustres reformadores decidieron crear, según nos dijeron, un «batallón experimental de asalto aéreo nocturno», mientras nos hacían circular en todoterrenos UAZ convencionales ¡que ni siquiera estaban blindados! Y fue en esas condiciones como mi unidad, el 2.º Batallón de Asalto Aéreo, fue enviada a la guerra. Se me ha olvidado mencionar que un batallón está integrado por tres compañías. Mi compañía partió a la guerra con cuarenta y cinco personas en sus filas, y las dos restantes, con sesenta cada una: en total, ciento sesenta y cinco combatientes de asalto integrando un batallón, genial. Bueno, no sé de qué me quejo: en los partes oficiales la cosa seguramente pinta mejor. Quiero decir que, si un batallón completo tiene cerca de quinientos hombres, entonces no es de extrañar que las informaciones oficiales dieran un número total de tropas rusas de unos doscientos mil en la frontera con Ucrania. Ver para creer.

Creo que, teniendo en cuenta la corrupción y el sistema de partes fotográficos que se ha extendido en el Ejército últimamente –que permite al mando ocultar los problemas–, en realidad el primer día de la guerra fueron unos cien mil militares rusos los que cruzaron la frontera ucraniana, para enfrentarse con los doscientos mil efectivos de las Fuerzas Armadas ucranianas.

24 DE FEBRERO, POR LA MAÑANA

La columna de vehículos se pone en marcha y comienza a avanzar despacio. He visto a mi antigua compañía pasar de largo hacia delante y he tenido una sensación extraña: si bien ayer la dejé sin pensar, ahora, ante el peligro y la incertidumbre, yo preferiría estar con mis compañeros, como el caballo que prefiere no separarse de su yeguada. Será que no somos tan distintos, los humanos y los caballos… Tal vez a alguien le pueda parecer que estoy delirando, pero mi deseo es relatarlo todo con franqueza y sin ocultar lo que sentí y pensé entonces.

Cruzamos la ciudad de Armiansk. Allí había jaleo: los proyectiles cruzaban el cielo en dirección a Ucrania, una enorme columna avanzaba por las calles, la Policía de tráfico había empezado a cortar carreteras para que los vehículos civiles no dificultaran el avance de los militares. La cubierta del camión estaba desplegada y a través de la abertura veía edificios de cinco plantas con las luces encendidas; sus residentes se asomaban a las ventanas y los balcones.

De pronto el camión frenó bruscamente al chocar con algo. Resulta que el URAL en que yo viajaba no tenía frenos. Un coche que iba delante había frenado de repente y el conductor del camión tomó la decisión de girar hacia la derecha y chocar con una valla. La guerra es la excusa perfecta para todo: a quién le importa una valla rota cuando por el aire vuelan misiles.

A un lado avanzaban, unas veces adelantándonos, otras, quedándose rezagados, los UAZ del batallón de asalto aéreo y los BMD¹ del de aerotransporte. Los UAZ de mi compañía ya estaban en la vanguardia, más cerca de la frontera. Después de dejar atrás Armiansk –bosque a la izquierda, campiña a la derecha–, oí tiros y explosiones en la dirección en que avanzábamos. En aquel momento lamenté haber accedido a unirme a la unidad de morteros; no tenía ningún vínculo emocional con ellos, y eran prácticamente unos desconocidos para mí. Además, me daba la impresión de que aquella unidad tenía asignado un papel más bien secundario.

Desde la caja del camión solo se veía lo que quedaba atrás. ¿Y qué pasa si mi compañía en este mismo momento está en medio de la mierda? ¿Qué sucede allí? ¿Adónde nos dirigimos? Estaba desesperado por avanzar, con un subidón de adrenalina y un ligero nerviosismo, aunque, al mismo tiempo, no entendía nada. Unos cazas empezaron a sobrevolar nuestra columna en la dirección del avance, seguidos de varios helicópteros de asalto; se oían explosiones más adelante y el aire olía a pólvora.

El panorama era al mismo tiempo cautivadoramente perturbador y alarmantemente bello. El amanecer, las seis de la mañana; el sol, brillante y primaveral, comenzaba a calentar después de la humedad y la lluvia de la noche anterior.

Se veían decenas de aviones y helicópteros alrededor; por el campo, a la derecha, los BMD avanzaban a toda velocidad; de algún lado habían aparecido unos tanques, aparte de cientos de vehículos con las banderas de las VDV² y de la Federación de Rusia. Y aquello era solo lo que yo podía ver desde un destartalado URAL sin frenos, con un ojo dañado y lleno de restos de sangre seca.

«¿Qué está sucediendo?» Ese era el pensamiento que me rondaba la cabeza, mientras mi corazón albergaba una mezcla

---

1. Carro de combate de paracaidistas.
2. Tropas aerotransportadas.

de admiración, perplejidad y desasosiego. El sentimiento de la manada, de ese enorme poderío del que formas parte, embriaga, aunque no estaba claro adónde nos dirigíamos a toda prisa al son de aquellas descargas, ni qué estaba sucediendo realmente.

Mi URAL cruzó despacio un puesto aduanero destruido, en la frontera entre Crimea y Ucrania. La columna a ratos ralentizaba la marcha, se detenía, volvía a acelerar. Empezamos a ver coches destrozados, humeantes o tiroteados. Después de cruzar la frontera, vi que un pelotón del batallón de asalto aéreo había tomado posiciones: sus UAZ estaban parados en el arcén y los combatientes montaban guardia en el puesto fronterizo mientras lo cruzábamos. Vi sangre, pero no había cadáveres: probablemente ya los habrían retirado.

A nuestra derecha, unos camiones oruga cruzaban la frontera por el campo. El enorme torrente de vehículos había comenzado a dividirse en grupos más pequeños, yendo cada vez más lejos, campo a través, hacia la derecha. Empezamos a ver señales de tráfico en ucraniano y banderas de Ucrania. Tuve un sentimiento inédito: que no entendía una mierda, que lo que estaba sucediendo a mi alrededor era muy real pero que, al mismo tiempo, parecía un sueño. Ningún vídeo es capaz de reproducir todo aquello, especialmente porque ahí donde sucede lo más interesante no hay reporteros, y los testigos oculares no están para filmar vídeos.

Allí mismo, inmediatamente después del puesto fronterizo, ardía una gasolinera que había sido bombardeada. Delante, avanzaban los BTR[1] de nuestra unidad de reconocimiento. Cada dos por tres, en la carretera se veían vehículos destruidos o abandonados: allí había muerto ya más de uno.

La columna se detenía y volvía a acelerar constantemente; los UAZ de mi compañía nos iban adelantando o se quedaban atrás; los vehículos avanzaban formando dos o tres filas. A la derecha

---

1. Transporte blindado de personal.

aparecieron unos molinos de viento, la vista de los campos era preciosa, la temperatura era como de principios de abril. Las descargas de artillería cesaron y empezaban a verse los lugares donde habían impactado los misiles y fragmentos de cohetes de los MLRS.[1] Daba la impresión de que habían disparado aleatoriamente, aunque quizá allí hubiese estado el enemigo, antes de retirarse.

Nuestra columna abandonó la carretera, desviándose a la derecha. Cada vez que los vehículos se detenían, me ponía de pie en la caja del camión y miraba hacia delante; cuando la columna, sin previo aviso, reemprendía la marcha, tenía que volver bruscamente a mi asiento, sobre la caja de proyectiles de mortero, que brincaba debido al traqueteo y no contribuía precisamente a reforzar mi fe en el día de mañana. La pista era cada vez peor, las cajas saltaban cada vez más y la idea de ser tirador de mortero me atraía cada vez menos.

El ancho de la columna disminuía y volvía a aumentar, la pista de tierra se transformó de nuevo en una carretera asfaltada. De vez en cuando, el mando, que iba a la cabeza de la columna, hacía un alto, seguramente a la espera de nuevas coordenadas para avanzar. Ahora nos estábamos desviando más y más lejos hacia el oeste. Periódicamente aparecían aviones y helicópteros de asalto que volvían o que se adentraban otra vez en el espacio aéreo ucraniano.

De pronto, nos detenemos en una carretera desierta, llega la orden «¡en posición de combate!». Bajamos de los vehículos, rápidamente, aunque con torpeza, y nos dispersamos a ambos lados de la carretera, tomando posiciones para el combate: unos con una rodilla apoyada sobre el suelo, otros tendidos completamente, y algunos de pie, como idiotas, porque no quieren ensuciarse el uniforme. Tuvimos suerte de que fuera una falsa alarma, de lo contrario el enemigo nos habría vapuleado, teniendo en cuenta nuestra incompetencia.

1. Lanzacohetes múltiple.

Llegamos a la primera población que nos encontramos por el camino: cruzamos a toda velocidad por una carretera de asfalto bastante buena. Me fijo en un grupo de hombres que hay junto a unas naves; por su aspecto, deduzco que son unos simples granjeros que, visiblemente disgustados, se muestran desconcertados por cómo ha empezado la mañana, aunque se mantienen a distancia. Los combatientes que integran nuestra columna también están perplejos: ¿adónde nos dirigimos y para qué? Lo veo en sus rostros, marcados por la fatiga y cierta confusión, pero ¿qué vas a hacer? ¿Saltas del vehículo, tiras el fusil de asalto y anuncias a gritos: «No pienso moverme del sitio hasta que me expliquen de qué va todo eso»?

Avanzamos en silencio, sin poder creer nada de lo que está ocurriendo. ¡Seguramente tendremos algún plan!

Mientras atravesábamos aquella aldea a toda velocidad, aparte de los tíos desconcertados que formaban un corro, vi a varios ancianos que se acercaban a la carretera y nos recibían con la señal de la cruz. Tuve una sensación ambigua: no estaba claro si nos estaban enviando al otro barrio o si nos estaban bendiciendo...

Mientras avanzábamos, me sorprendió que los pueblos de la zona fueran tan agradables a la vista, a pesar de la proliferación de banderas ucranianas (ahora, para nosotros, la bandera enemiga) y de las vallas pintadas de amarillo y azul. Fuimos pasando por unos cuantos pueblos similares, con grupos de muchachos ceñudos y ancianos que nos hacían la señal de la cruz al pasar nuestra columna.

En todo momento iba con el arma amartillada, dispuesto a disparar a cualquiera que pudiera representar un peligro. No sabíamos adónde nos dirigíamos, por qué ni para qué; lo único que sabíamos era que aquello iba muy en serio. Era evidente que había empezado una guerra muy real.

Despacio, a una velocidad mínima, pasamos por delante de unos hangares, al parecer abandonados, una especie de vaquerizas de la época soviética, y entre ellos reparé en una red de *camuflaje tendida y un camión militar KAMAZ tipo KShM.*[1] *Al lado había una torre algo extraña. El instinto me avisó del posible peligro, quise abrir fuego en aquella dirección para advertir al resto. La lógica, en cambio, me decía que si los BTR de reconocimiento y los UAZ de asalto que iban a la cabeza no habían visto nada raro, todo estaba bien. Me confundí de nuevo: la lógica no tiene lugar hoy en el Ejército de la Federación de Rusia.*

Tan pronto como el URAL se hubo alejado un poco de los hangares, empezó un tiroteo caótico. La columna se detuvo y comenzó a prepararse para el combate. Puesto que ahora yo era tirador de mortero, me apresuré a saltar del camión junto con el resto y nos pusimos a descargar los morteros y los proyectiles justamente detrás de la esquina del hangar donde había avistado aquel KAMAZ extraño. Solo un minuto después, llegó la orden de replegarnos, aunque el tiroteo continuaba. Cargamos los morteros en el URAL, y la columna, compuesta de camiones y UAZ, reanudó la marcha a toda prisa. Después de avanzar unos trescientos metros, nos volvieron a ordenar que nos pusiéramos en posición de combate, así que volvimos a saltar del camión, descargamos los morteros y los proyectiles, y nos pusimos a prepararlos para disparar. El tiroteo continuaba; vi que todo el mundo disparaba con sus armas ligeras y con las UTIOS, ametralladoras pesadas, en dirección a aquel KAMAZ que no parecía de los nuestros.

En cuanto disponemos los morteros para la acción, el mando vocifera que tenemos que colocarlos cien metros más adelante. Recogemos los morteros y los proyectiles, y echamos a correr en la dirección que nos ha señalado. Mientras corro llevando una bolsa con proyectiles en cada mano, sudo a chorros («¡Pesan un huevo, joder, qué coño estoy haciendo aquí con este mortero!»). Sigo corriendo, veo frente a nosotros un terraplén tras el que se parapeta otra compañía de asalto, haciendo fuego contra el KAMAZ. Mientras corremos hacia ellos, a nuestro alrededor los

1. Vehículo de mando.

impactos provocan salpicones, la hierba se dobla, se oye el silbido de las balas. El resto de los jóvenes de la unidad de morteros no parece darse cuenta hasta que empiezo a gritar: «¡Cuerpo a tierra, balas cerca!».

No llegué a saber desde dónde nos disparaban. Enseguida tuve que volver corriendo a por la munición de reserva. No sabía cómo se monta un mortero, de modo que opté por hacer porteos, pensando que así sería de alguna utilidad. Mientras volvía a todo correr con los proyectiles desde el camión hasta donde estaba la dotación, me maldije una vez más por haberme metido en la unidad de morteros: no tenía ni la más puñetera idea de cómo funcionaban y correr cargando aquel peso bajo el fuego enemigo te dejaba sin aliento enseguida.

Hacía calor y buen tiempo, y yo sudaba a chorros. Mientras corría, volví a ver cómo impactaban las balas a mi alrededor. Aquel precioso día de primavera tan estupendo me acordé de cómo, dos días antes, yo mismo había bromeado diciendo que, en caso de que empezara la guerra, antes que los ucranianos, serían los propios rusos quienes me abatieran.

El mando, situado a unos cien metros detrás de mí, manipulaba el visor, marcando las coordenadas para disparar contra la torre. Me tendí en el suelo, me volví hacia él y apunté el fusil hacia los hangares a su espalda: nos habían informado de que allí también estaba el enemigo. Reparé en nuestra avanzadilla, corría hacia los hangares. Unos helicópteros de asalto sobrevolaban la zona, disparaban una carga de misiles, aunque en otra dirección. No podía ver lo que había allí. Luego, volvieron a sobrevolarnos varias veces, probablemente tratando de averiguar qué es lo que estaba ocurriendo.

En ese mismo momento, algo explotó al fondo, a unos cien metros del jefe, que estaba manipulando el visor. Parecía un impacto provocado por un lanzagranadas. No sabía cómo captar su atención, pero al ver que el mando no se había enterado de nada en medio del tiroteo, grité: «¡Bombas!». Algunos se volvieron, alarmados por mi aviso, pero ya no hubo más explosiones.

Mientras apuntábamos los morteros según las coordenadas, a la espera del permiso para abrir fuego, la torre había sido tiroteada por las UTIOS montadas sobre los UAZ. La torre comenzó a arder, hicimos varios prisioneros allí; no supe cuántos, unos dos o tres. Un día después, conocí a uno de ellos.

Tras aquel tiroteo, yo estaba absolutamente seguro: tanto las balas que impactaron a nuestro alrededor como el proyectil del lanzagranadas que explotó cerca del mando habían sido disparados por los nuestros. Cuando la columna se detuvo, empezaron a disparar desde tres posiciones. Las balas que impactaron a nuestro alrededor fueron disparadas desde el otro lado, a una distancia de unos trescientos metros; el «enemigo» estaba en medio.

La interminable y absurda lista de experimentos y una total falta de sentido común han provocado que el Ejército definitivamente haya dejado de ser una opción profesional atractiva y prometedora para «nuestros mejores jóvenes». Las academias militares no llegan a cubrir todas las plazas disponibles, al tiempo que el servicio militar profesional, que se impulsó en el año 2003, se ha convertido en refugio para representantes de las capas más bajas de la sociedad (a las que yo, a mi pesar, también pertenezco), porque, cuanto menos formado esté uno y cuanto menos competente sea jurídicamente, tanto más fácil se prestará a la manipulación. A todo ello hay que añadir que han arruinado por completo la institución del servicio militar obligatorio, al convertirlo en una mezcla de campamento escolar y colonia penal vigilada. Ahora, tras licenciarse, los reclutas vuelven a la vida civil sin haber aprendido absolutamente nada; luego se lo cuentan a sus conocidos, y entonces cualquiera que pueda permitírselo, sencillamente, prefiere evitar semejante pérdida de tiempo. Sin embargo, hubo un tiempo en el que eran precisamente los reclutas los que combatían con éxito en Afganistán y en Chechenia; *con éxito* en el sentido de que cumplían los objetivos que les marcaba el mando, sin sufrir las bajas que el Ejército «profesional» de la Federación de Rusia ha sufrido en Ucrania hasta la fecha.

Ah, se me olvidaba decir que conozco la 56.ª Brigada de Asalto Aéreo desde 1993 y llevo treinta años siendo testigo de su desmoronamiento.

Me acuerdo del año 1999, del comienzo de la segunda guerra de Chechenia. Entonces yo era un chaval y recuerdo haberme despedido de mi padre, que se marchaba a la guerra. Aquel día, alrededor de las tres de la madrugada, el 1.er Batallón de Asalto Aéreo formó en la plaza de armas, frente a la unidad del Estado Mayor, y el comandante del regimiento dio instrucciones de combate al batallón: tenían que realizar una marcha rápida y entrar en combate contra las milicias de la autoproclamada República Chechena de Ichkeria (¿os suena?, ¿no hizo lo mismo Ucrania cuando las repúblicas de Donetsk y Lugansk se autoproclamaron independientes?). Dijo que era una misión peligrosa y que si alguno de los soldados, por alguna razón, no quería o no podía participar, que saliera de la formación. Añadió que las razones para negarse a ir podían ser diversas: ser hijo único, ser creyente, tener a la madre enferma. Entonces ninguno abandonó la formación; ni uno, a pesar de que, aparte de los oficiales, el batallón (alrededor de quinientas personas) estaba integrado por reclutas de entre dieciocho y veinte años en su mayoría. Era un Ejército fundamental y principalmente distinto. Ese era el Ejército de Rusia en 1999.

Desde luego, no era perfecto, necesitaba reformas y orden, pero el Ejército de entonces superaba con creces al que tenemos ahora, después de las reformas de los últimos veintitrés años.

En cuanto al Ejército actual, un gran número de *kontráktniks* se negó a ir a la guerra de Ucrania, cosa que también fue determinante en el fracaso de la «operación especial».

Recuerdo que, durante los dos meses que pasé en el frente, a diario albergábamos la esperanza de que nos reemplazaran y nos enviaran a la retaguardia para poder descansar, asearnos y cambiarnos de ropa. Sin embargo, no sucedió porque, al parecer, no había nadie para reemplazarnos...

24 DE FEBRERO, MEDIODÍA

Reanudamos la marcha. Para entonces, yo ya había perdido de vista a mi compañía: se había desviado en algún punto y había tomado otra ruta. Oí decir que había ido a asaltar un puente sobre el río Dniéper, en dirección a Jersón. Nosotros también teníamos que ir allí, por otra ruta, pero nos quedamos a medio camino, no llegamos a tiempo.

Hacia el mediodía, la columna se encontraba en un bosque de coníferas sobre un suelo arenoso. Se parecía mucho a la reserva natural de Kamishin que yo conocía tan bien...

Sobre aquella arena, volvimos a ponernos en posición de combate varias veces. Se oían tiros. La columna se desplegó y en algún punto alguien disparaba contra alguien, pero no tengo más detalles de aquello.

Durante la marcha oíamos explosiones; estaban destruyendo los restos desperdigados de equipos ligeros del Ejército ucraniano, la aviación pasaba hacia algún lugar; por el momento no nos habíamos encontrado con una resistencia seria. A medida que íbamos penetrando en la región de Jersón, cada vez se veían menos cazas y helicópteros. Los vehículos empezaron a sufrir averías, así que, simplemente, los dejábamos abandonados en la carretera y la gente se unía a otros grupos.

Hacia la una del mediodía llegamos a un campo enorme. Los bosques de coníferas habían quedado atrás; ante nosotros había una gigantesca pradera de hierba verde fresca o del _pasado año. En aquel momento el personal, probablemente, ya estaba bastante hecho polvo. Al avanzar por aquel campo, nuestros camiones se quedaron atascados en el barro, en una especie de hondonada donde la nieve hacía mucho que se había derretido, pero el terreno no se había secado, y se había formado una ciénaga oculta. Una parte de los UAZ, al ser vehículos ligeros, consiguieron abrirse paso; el resto, atascados los camiones, se quedaron para proteger la columna. Eran varios BTR de reconocimiento, algunos BMD, los KShM cedidos por la 7.ª División de Asalto Aéreo, varios Rakushkas[1] y un BMD-4: una especie de maremágnum incomprensible. En cualquier caso, la columna se había dividido, así que éramos unos trescientos, de distintas unidades, aunque la mayoría eran de la 7.ª División de Asalto Aéreo, y había otras trescientas personas más adelante._

Los BMD empezaron a acercarse para intentar remolcar los camiones atascados, pero terminaron, a su vez, encallando en el barro. Cuando conseguían sacar un vehículo, se quedaban estancados. Una ambulancia blindada quedó atascada, el único vehículo moderno de nuestra columna, sin contar los BMD-4 y los Rakushkas. Era evidente que habría sido posible pasar sin problemas por los márgenes del campo, pero todos iban quedando estancados en el mismo punto, como idiotas...

Después de observar todo aquello durante media hora, empecé a ponerme nervioso: la enorme columna permanecía a campo descubierto; a nuestra derecha, había unas colinas a un kilómetro de distancia, y a la izquierda, un bosque, también a un kilómetro. La columna llevaba ya media hora detenida allí: un blanco perfecto para la artillería o la aviación. Si el enemigo detectaba nuestra presencia y se encontraba cerca, estaríamos muertos.

Muchos empezamos a bajarnos de los vehículos para fumar. Entre unos y otros, me entero de lo que casi todo el mundo ya

1. Anfibio aerotransportable blindado para el transporte de tropas.

sabe: la orden es avanzar en dirección a Jersón y tomar un puente que cruza el Dniéper. En ese momento ya no me cabe duda: hemos invadido Ucrania...

Permanecemos en medio del campo sin que nadie se atreva a tomar la necesaria decisión de abandonar los camiones allí mismo. Una parte de nuestros hombres ya han avanzado y entonces me doy cuenta de que el plan consiste en utilizar el factor sorpresa: mientras el grueso de las tropas marcha por una ruta distinta, las fuerzas de asalto deben realizar una maniobra oculta a través de campos y bosques, llegar al puente y tomarlo, para, de esa manera, asegurar una base para las tropas principales. Cualquier retraso en semejante situación puede ser fatal. Y somos incapaces de llegar allí donde se nos necesita, donde ahora mismo cuentan con nosotros, porque nadie toma la decisión de abandonar los camiones atascados. La situación es peor todavía, porque, desde más adelante, desde la izquierda y la derecha, nos llega el fragor de la batalla, pero no sabemos quién pelea contra quién. A todo eso, nuestra enorme columna permanece reunida, a campo descubierto, sin protegerse siquiera.

Transcurrieron unas dos horas así. No teníamos nada para comer ni beber, aunque no sentía hambre.

A la izquierda, tras la colina, la intensidad del combate iba en aumento. Algo ardía allí, había explosiones, veíamos caer proyectiles. Le pedí prestados los prismáticos al comandante e intenté avistar algo arrodillado en el suelo, sin resultado. En ese momento yo ya estaba sucio y cubierto de polvo del camino, como casi todo el resto; tampoco era muy cómodo ir con la ropa interior térmica mojada.

Desde detrás de la colina donde se libraba el combate empezaron a aparecer bengalas, primero blancas, luego rojas. Como yo desconocía el código preestablecido de señales luminosas, fui de vehículo en vehículo señalando en aquella dirección y preguntando qué podían significar. Nadie supo responderme, ni siquiera los oficiales. En general, el ambiente estaba enrarecido, todo el mundo tenía cansancio acumulado, veían y oían lo mismo que yo pero quizá ya no tenían fuerzas para nada o quizá, simplemente, les daba igual, como de costumbre.

Llegaron los BTR de reconocimiento: habían estado remolcando vehículos atascados en las arenas del bosque que habíamos dejado atrás. Fui a fumar con sus tripulantes para tratar de averiguar algo. Aquellos hombres, a diferencia del resto, sí se interesaban por lo que ocurría alrededor, y parecían tener más energía. No en vano, las unidades de reconocimiento suelen considerarse como unidades más preparadas para el combate que los batallones de asalto o de paracaidistas; la mayoría están integradas por reclutas con un alto grado de compromiso. Mientras fumaba con ellos me enteré de que ya había heridos y muertos en nuestras filas; habían traído desde el bosque el cuerpo sin vida de un tipo que había recibido un tiro con una bala de 7,62 mm entre los omoplatos que había atravesado el chaleco antibalas. Nadie sabía si la bala era ucraniana o rusa.

Pese a que acababan de llegar, les hablé, indignado, quejándome de la desorganización reinante. Ellos compartían mi opinión, y me sentí algo reconfortado al ver que no era el único al que le importaba todo aquello. Les señalé la colina y les hablé de las bengalas. El tiroteo en aquella dirección iba amainando, los vehículos quemados echaban abundante humo. Los reclutas de reconocimiento resolvieron que irían a echar un vistazo y peinar la colina por si el enemigo se encontraba allí.

Les pregunté quién estaba al mando de la columna y fui a ver al teniente coronel. Lo encontré junto a varios vehículos que se habían quedado encallados mientras trataban de remolcar los camiones atascados en el barro. El teniente coronel estaba rodeado de un grupo de personas. Ya era imposible saber quiénes eran los oficiales; todos llevaban ropa de camuflaje Rátnik y no se veían las insignias. Me acerqué al comandante y le dije: «Camarada teniente coronel, se está librando un combate allí, detrás de la colina, a dos o, como máximo, tres *kilómetros de aquí. Han lanzado señales de humo y bengalas rojas y blancas. ¿Qué significan esas señales? Tal vez son los nuestros que piden ayuda, ¿o son ucranianos?».*

Me miró con una expresión extraña en el rostro. Quizá estuviera procesando la información e intentando hacerse una idea de quién era yo. Tenía el rostro cansado y manchas de sangre en el uniforme. Debía de haber estado atendiendo a algún herido porque, definitivamente, la sangre no era suya. Tras una pausa, mirándome primero a los ojos, luego en dirección a la colina y volviendo a mirarme, respondió: «¡Quién sabe qué coño significan, tenemos que largarnos de aquí cuanto antes, joder!».

Dicho esto, siguió deliberando con los oficiales vete a saber qué. Yo, perplejo ante aquel teatrillo militar, me fui hacia mi vehículo. Estaba claro que se había interrumpido la comunicación y que no sabíamos qué había pasado con los que se habían adelantado, a los que se suponía que teníamos que alcanzar.

Más adelante se oía un tiroteo y explosiones. No sabíamos quién combatía ni a qué distancia. Dos de nuestros vehículos BTR de reconocimiento ascendieron por la pendiente de la colina. Se rumoreaba que nos encontrábamos en algún lugar cerca de Jersón.

Camino de mi URAL, me iba parando e intercambiando rumores con todo el que estuviera por allí. Unos dormían dentro de los vehículos, otros iban de grupo en grupo; a todos se los notaba cansados y algo confundidos. Alguien avistó un dron y un clamor recorrió la columna. Entonces, un caza sobrevoló la zona a baja altura; nadie sabía identificar si era o no de los nuestros: estábamos incomunicados.

Me alejé unos ciento cincuenta metros de la columna, me agaché y apoyé el fusil sobre la rodilla: en caso de que nos bombardearan, era más seguro estar lejos de los vehículos. Eché un vistazo alrededor y me di cuenta de que todavía ni siquiera se habían establecido puestos de observación ni de protección. La columna se hallaba en medio de un campo, la distancia entre los vehículos era casi inexistente. Si en ese momento la artillería o la aviación abre fuego contra nosotros, toda aquella aglomeración de personas se convertiría en una multitud de Cargos 200 y 300.[1]

1. Códigos militares internos para designar muertos y heridos respectivamente.

Desde el frente, me trasladaron primero al hospital Orión, en Sebastopol; nuestro PAZ, el autobús que he mencionado, llegó allí pasada la medianoche... Habíamos hecho una primera parada en la zona de Chervoni Perekop, donde habían instalado un hospital de campaña en el recinto de un hospital civil. Allí, fuimos atendidos por un equipo médico proveniente de la ciudad de Buinaksk compuesto mayormente por mujeres de Daguestán, que nos dieron una cálida bienvenida.

Descendimos del PAZ con pinta de salvajes. Las médicas militares de Buinaksk acudieron enseguida. Estábamos algo desorientados porque allí no se oían disparos; había silencio y otro tipo de gente. Una sensación indescriptible de calma y seguridad nos embargó en ese momento. Las médicas rápidamente nos examinaron para ver quién necesitaba que le cambiaran el vendaje, a quién había que administrarle un analgésico o prestarle otro tipo de ayuda. Nos llevaron a una carpa acogedora donde habían instalado una cantina, muy luminosa e igual de acogedora. Aquel lugar me pareció un rincón paradisíaco...

Allí nos dieron una excelente sopa de carne de lata y cebada que en aquel momento nos supo a gloria. Podías sentir el cuidado y la empatía de aquellas mujeres, algo que nos provocaba una sensación extraña, un sentimiento olvidado ya mucho tiempo atrás. Era extraño también porque, hasta entonces, pensábamos que la guerra se libraba en todas partes, que todo el mundo se había apretado el cinturón, en plan «todo por el frente, todo por la victoria».[1] Ahora nos dábamos cuenta de que la vida seguía su curso habitual: las personas iban a trabajar, se divertían, salían a clubes nocturnos y la conexión a internet no estaba bloqueada. No es tan sorprendente: durante los primeros dos meses no tuvimos prácticamente ninguna conexión con el mundo exterior, vivíamos encerrados en nuestra pequeña burbuja, en una guerra en la que, aparte de padecer unas condiciones inhumanas –falta de comida, agua, sueño, ropa de abrigo y productos básicos normales–, sufríamos la escasez informativa. Nos alimentábamos de rumores, de lo que nos contó un conductor que había ido a la retaguardia para llevar un cargamento de racionamiento y había oído que internet estaba bloqueado, que no había vuelos a Crimea, que el precio del azúcar se había multiplicado por diez y que el dólar cotizaba a más de ciento veinte rublos. Al estar aislado en la zona de combate, uno no está en condiciones de analizar la situación objetivamente, de modo que empieza a imaginar cualquier cosa. Por eso les pregunté a las sanitarias daguestanas qué estaba ocurriendo en el mundo y qué decían las noticias.

Recuerdo que se mostraban incómodas, aunque intentaban disimularlo, tal vez porque atendían diariamente a varios grupos como el nuestro y se daban cuenta de que la operación especial no iba según el plan (si es que existía alguno), o tal vez porque percibían que ni siquiera el alto mando llegaba a comprender para qué se hacía todo aquello. Una de aquellas mujeres habló de las noticias: estaba disgustada por la subida de los precios pero a la vez contenta porque «las celebridades y los traidores se estaban largando del país».[2] También nos dijo, mostrándose

---

1. Una consigna soviética de la época de la Segunda Guerra Mundial.
2. Se refiere a la salida masiva de ciudadanos rusos del país tras el comienzo de la guerra.

alborozada, por algún motivo, que Ksenia Sobchak[1] había sido arrestada, lo cual me sorprendió (después de todo, Sobchak había sido candidata a la presidencia de Rusia), aunque luego, como era de esperar, resultó que era falso, lo mismo que muchos otros rumores.

Tras una parada de media hora para comer, cambiaron los vendajes y administraron analgésicos a quienes lo necesitaban y nos trasladaron a Sebastopol, al hospital Orión. Al llegar allí, pasada la medianoche, estuvimos vagando por el patio y dando voces porque, simplemente, nadie salía a recibirnos. Entonces aparecieron unos hombres que estaban allí, en su mayoría nuestros camaradas de las VDV, de la 11.ª Brigada de Asalto Aéreo; los apodábamos «Buriatos Combatientes».[2] Habían estado junto a nosotros en el frente desde el primer día, así que nos dieron una cálida bienvenida, nos ayudaron a descargar los bultos y nos asediaron a preguntas sobre la situación en el frente. No había habido ningún progreso especial que reportar: nuestras tropas seguían en la línea divisoria entre la región de Jersón y la de Nikoláyev. La artillería ucraniana bombardeaba nuestras posiciones, la rusa disparaba contra aquella, y nosotros estábamos en medio, a la espera de refuerzos para avanzar.

Media hora después apareció una mujer vestida con una mezcla de ropa militar y quirúrgica que nos condujo a la recepción, donde formalizaron nuestro ingreso y nos dieron pijamas y batas de hospital. Los heridos fueron llevados enseguida al quirófano. Yo estaba extenuado, y solo podía pensar en acostarme y dormir cuanto antes. Me sentía como si me hubiese arrollado un

---

1. Ksenia Sobchak, periodista, presentadora y actriz rusa. En febrero de 2018 anunció su candidatura para las elecciones a la presidencia de la Federación de Rusia.
2. Muchos de los combatientes movilizados para la guerra de Ucrania provienen de la República de Buriatia, una de las regiones más pobres de Rusia. Es uno de los grupos étnicos que más bajas ha sufrido hasta la fecha en la guerra.

tren: tenía dolores por todo el cuerpo, no supe dar una explicación clara a los médicos sobre qué era lo que me pasaba, me dolían la espalda y las piernas, aparte de los problemas que tenía con la vista.

Cuando, por fin, completaron todos los trámites, me acompañaron a una habitación, donde una enfermera me dio un jarabe y una pastilla «para que durmiera mejor». Me sorprendía que el hospital fuera tan moderno y nuevo: las habitaciones eran de dos plazas, con baño, aire acondicionado y una segunda salida directa a la calle. El ambiente era fresco, tranquilo y acogedor; después de las trincheras, aquello me parecía mejor que el Radisson o el Hilton. En el frente había soñado con darme una ducha pero en aquel momento, pese a que mis manos estaban negras de la suciedad que tenía incrustada, no tuve fuerzas para ducharme; simplemente me acosté en la cama y me dormí. Dormí todo el tiempo sin cambiar de postura. El placer supremo de poder dormir en una cama con sábanas limpias, fuera de peligro y en silencio, es imposible de entender para quien no haya dormido al raso con temperaturas bajo cero, con las botas puestas y la sensación de peligro constante. Mientras dormía, instalaron a uno de mis compañeros de regimiento en la habitación. Habíamos viajado juntos en el PAZ. Tenía un tímpano destrozado y estaba sordo de un oído. Así que pusieron juntos a un sordo y a un ciego.

24 DE FEBRERO, POR LA TARDE

Yo seguía arrodillado, fumando y mirando alrededor. Hacía un día espléndido, primaveral. Eran alrededor de las cinco de la tarde, el sol empezaba a ponerse. Era el 24 de febrero de 2022, yo estaba emocionado. Me acordé de mi madre, que residía en Krasnodar, de mi hermana, que vivía en Moscú; entonces pensé en mis antiguas novias: todavía no estoy casado ni tengo hijos. Por alguna razón, se me hizo un nudo en la garganta.

Durante los últimos diez años, había trabajado con caballos. No estaba mal, pero no ganaba lo suficiente para ahorrar y comprarme una casa, porque también necesitaba dinero para salir y comprar ropa. Esa es la razón por la que, a los treinta y dos años, decidí volver al Ejército. Quería contratar una hipoteca especial para militares: el tiempo vuela, necesitaba sentar la cabeza y pensar en el futuro. Acabé con un salario de menos de treinta mil rublos mensuales y sin el menor deseo de servir en un Ejército como este.

Me acordaba de mis seres queridos, que me decían: tu problema es que siempre dices la verdad, eres orgulloso, terco e idealista, pretendes que las cosas sean perfectas, y eso es imposible. Quizá no les falte razón; incluso en el Ejército, desde que llegué, el mando me tenía atravesado porque no dejaba de reclamar mis derechos. Mis compañeros de servicio me decían que elevar mis quejas al Ministerio de Defensa no me llevaría a ningún lado, que es imposible cambiar el sistema, que, antes, *este me engulliría y me trituraría. Estaban en lo cierto: lo único que conseguí fue estropear mi relación con mis superiores. ¿Tal vez ahora esté pecando de lo mismo? Bien, estamos incomunicados, a veces ocurre, todo el mundo está tan cansado como yo, no estamos al tanto de lo que está sucediendo. Si no han montado patrullas de protección quizá sea porque los hayan informado de que otras unidades nos están cubriendo en los flancos. Tal vez las cosas no estén tan mal en realidad y, sencillamente, estoy dándole demasiadas vueltas.*

Entendía que estaba ocurriendo algo muy gordo, aunque no sabía exactamente el qué. Tenía varias ideas en la cabeza. Me parecía imposible que hubiéramos atacado Ucrania sin más. ¿Quizá realmente la OTAN había entrado en acción y nosotros habíamos tenido que intervenir? ¿Podía ser que se estuvieran librando combates en territorio ruso, que los ucranianos nos hubieran atacado, apoyados por la OTAN? ¿Tal vez estuviera pasando algo también en Extremo Oriente? Si Estados Unidos entrara en guerra contra nosotros, el alcance del conflicto sería enorme, alguno de los contendientes acabaría utilizando armas nucleares, joder, qué locura... Tenía dos opciones: tirar el arma y regresar a Crimea o hacer lo que me mandaran y dejar de imaginarme cosas porque, de todos modos, en aquel momento era imposible saber nada.

Algunos de los UAZ empezaron a separarse de la columna, rodeándola por los flancos, para formar, por fin, una especie de cordón de protección. Una parte de los vehículos avanzó, mientras yo seguía elucubrando: «Esto es un puto desastre, lo sabía, sabía que todo ese maldito caos que había en tiempos de paz llevaría a un puto desastre en tiempos de guerra, ¡para qué mierda me reincorporaría al Ejército! Ni siquiera me alegré por la anexión de Crimea, estaba en contra del follón que hubo en Donbás, lo de Siria era innecesario, y aquí estoy, en mitad de la nada, con este mando incompetente. Seguramente al tío ese se lo cargó por accidente algún gilipollas, lo mismo que esta mañana casi me dan mis propios compañeros. Hoy mismo le han roto una pierna a otro al girar el cañón de un carro de asalto de mala manera, a otro más le han pisado un pie con una oruga. Este Ejército no necesita enemigos; acabará por destruirse él solito».

Me levanté y volví con los míos. Estaban agrupándose a unos doscientos cincuenta metros de mi posición; formando en medio del campo: hay combates por todas partes y la unidad de artillería a la que yo ahora pertenezco como tirador de mortero está formando. El comandante de la unidad me saludó de mala gana, mirando con recelo mi ojo lleno de mugre. En otros tiempos nos llevábamos bien, pero después de mi desafortunada queja ante el Ministerio de Defensa, también él procuraba distanciarse de mí. Mientras formaba con el resto, yo pensaba en lo absurdo que era todo aquello. Pensé en mi padre, que había fallecido prematuramente, y en que había pasado casi toda mi infancia en el 56.º Regimiento de Asalto Aéreo. Ahora, diecisiete años después, todo había cambiado. No veía que tuvieran nada en común las VDV de entonces y las actuales: la gente era distinta ahora, se había perdido el lustre, no brillaban las miradas. Hoy en día sirvo en el mismo 56.º Regimiento pero, para mí, lo único que queda de él es el nombre.

El comandante trató de insuflar ánimos a todo el mundo. Nos dijo que estábamos incomunicados, que no sabían qué coño estaba pasando, pero que lo importante era que no nos lo hiciéramos encima, que enseguida retomaríamos la marcha, dejaríamos atrás los vehículos atascados (podían haberme consultado antes...). Todos preparados para entrar en combate, nos abriremos paso hacia la avanzadilla, que nos está esperando, aunque con ellos tampoco hay comunicación y se prevén emboscadas de comandos del Ejército ucraniano. Ponía cara de convencimiento al hablar, pero su mirada revelaba que él tampoco se creía nada de lo que estaba diciendo. Al menos estuvo bien que se dignara darnos una explicación.

Ya estaba oscureciendo. Mientras nos distribuíamos por los vehículos, en mi cabeza el puzle se había acabado de componer.

Dos compañías del batallón de asalto al mando de mi combat[1]
habían ido hacia delante. Un poco antes, mi compañía ya se había desviado en algún punto de la ruta para alcanzar el puente,
pero por otra vía. Hacía poco, el comandante del regimiento, con
los BMD los había seguido, puesto que no tenían noticias
de ellos. Nosotros teníamos que alcanzarlos y llegar al puente.
Y según el plan, nuestro regimiento al completo, reforzado con
unidades de la 7.ª División de Asalto Aéreo, debía llegar allí hacia la hora de comer, consolidar nuestra posición en el puente y
entrar en Jersón.

Ya había oscurecido cuando la columna reanudó la marcha,
dejando los vehículos atascados atrás. Yo viajaba sentado junto
con un joven tirador de mortero en el URAL sin frenos, sobre las
cajas con proyectiles, con el fusil amartillado, pensando en mi
compañía y en los que iban en la avanzadilla. Fuera como fuese,
allí estarían jodidos, y me sentía avergonzado de no estar con
ellos. Ninguno de ellos era íntimo amigo mío, pero si resultaba
que estaban en peligro y los había dejado tirados a causa de mi
carácter de mierda, era una putada. Algunos de la compañía me
tomaban el pelo llamándome «veterano». Entonces, me picaba
con ellos, pero ahora el «veterano» se encontraba en la retaguardia mientras la compañía estaba en peligro.

En caso de que nos tendieran una emboscada, sobre todo a
oscuras y contra un enemigo entrenado, seguramente nos ma-
chacarían. Ahora ya nadie bromeaba, todos habían madurado
de repente; íbamos muy serios.

Una media hora después, la columna se detuvo. Era noche
cerrada. Nos quedamos parados alrededor de una hora hasta
que se dio la orden de «apagar los motores y las luces, y estar
preparados para un ataque enemigo». Nos quedaríamos allí
hasta el amanecer.

La columna estaba desplegada a campo descubierto, como en
un campo de tiro. Yo tenía la desagradable sensación de que, si

1. Comandante de batallón.

éramos atacados por un enemigo experto durante la noche, teníamos pocas posibilidades de sobrevivir, especialmente en el
interior de un camión cargado de proyectiles. En la columna
había cerca de treinta vehículos: camiones, UAZ, dos BTR-82 de
reconocimiento, varios BMD-2 y BMD-4 de asalto, los KShM y
los Rakushka. Bastaba con hacer estallar los blindados, que no
iban a resistir ni siquiera el impacto de un RPG, mucho menos
un Javelin, y luego tirotear la columna a mansalva con ametralladoras. Medio dormidos y a oscuras, no sabríamos ni quién
dispara, ni desde dónde.

Decidimos acostarnos y dormir. En total, éramos cuatro los
que integrábamos la dotación. Otro soldado y yo nos acostamos
en la caja del camión (me dieron el saco de alguien), y los dos
que viajaban en la cabina durmieron allí mismo. Dos reclutas de
cada tres vehículos formaban patrulla por turnos; es decir, unas
veinte personas patrullaban en todo momento durante la noche.
Nos metimos en los sacos sin quitarnos las botas y nos tendimos
sobre las cajas de proyectiles, abrazados a nuestros fusiles. No
habíamos comido nada; nos dormimos alrededor de las once de
la noche. Había empezado a lloviznar.

No recuerdo cuánto tiempo dormí; por la mañana vino la enfermera, me extrajo sangre del brazo, pero solo pude entreabrir los ojos. Recuerdo que no conseguía despertarme, los ojos se me cerraban solos, volví a sumirme en el sueño, y hacia la hora de comer me despertaron y me llevaron a otro pabellón más viejo a que me viera un oftalmólogo. La consulta se encontraba en alguna parte del quinto piso, me costaba mucho esfuerzo subir las escaleras: a cada paso, el dolor me recorría el cuerpo, la adrenalina ya no me empujaba a seguir, de modo que la sanitaria que me acompañaba, rechoncha y entrada en años, llegó antes que yo. El oftalmólogo me examinó; el instrumental médico del que disponía parecía de buena calidad. Anunció: «Tienes una queratoconjuntivitis avanzada en ambos ojos, aparte de astigmatismo». Luego añadió una prescripción de -5,5 dioptrías en ambos ojos, y estuvo un buen rato redactando el informe, mientras hacía llamadas para acordar mi traslado a la unidad de oftalmología. Como supe después, los pacientes no se quedaban mucho tiempo en aquel hospital modélico: los derivaban rápidamente a otras ciudades, hospitales y centros de convalecencia. Tras el examen, me acompañaron a la habitación, donde por fin me di una ducha caliente; durante una buena media hora estuve quitándome la mugre que se me había incrustado en el cuerpo. Luego comí; la comida era muy buena, parecía casera. Después volví a acostarme y me quedé frito en el acto.

Hacia el anochecer, la doctora me despertó y me dijo que me vistiera porque me iban a trasladar a otro hospital. No sé por qué pero me costó mucho despertarme. Empecé a cambiarme torpemente, poniéndome el uniforme, mientras comentaba con mi compañero de habitación el tratamiento que recibiríamos. Al cabo de cinco minutos de reloj, la doctora volvió a asomarse a la puerta e, indignada, empezó a echarme la bronca, diciendo que estaba «perdiendo el tiempo». Vi que tenía el rango de comandante y en ese momento yo también perdí la paciencia y exploté. Este tipo de cosas solo pueden ocurrir en nuestro Ejército hoy en día. El personal médico castrense tiene su propio organigrama y, aunque se dedican a la asistencia en hospitales, ostentan grados militares, frecuentemente bastante altos y, según el reglamento, están al mando, por lo que suelen tratar a los simples _kontráktnik_ con arrogancia. Los «médicos» militares de esta calaña a menudo emplean un tono que no se permiten ni nuestros superiores inmediatos en las VDV.

A cualquier adulto respetable le resulta humillante que le hablen de esta manera. Además, su mirada dejaba entrever que se creía superior a mí debido a su rango de comandante, de modo que el tono que empleó me sacó de mis casillas. O sea, tú combates en la guerra, arriesgas tu vida, malogras tu salud mientras esta señora cría lorzas, y entonces se dedica a chillarte y a darte órdenes solo porque ella tiene rango de comandante y tú eres un simple _kontráktnik_. Además, tienes una pinta horrible en ese momento –demacrado, desaliñado, vestido con un pijama cutre de hospital–, aparte de que te has levantado de la cama gimiendo como un viejo porque te duele todo el cuerpo.

Este tipo de conducta está muy extendida en los servicios sanitarios del Ejército, lo he vivido en carne propia y se lo he oído a otras personas: un médico o cirujano castrense con rango de capitán o de comandante, sin haber servido en filas realmente ni un día, que te va dando órdenes en vez de ofrecerte asistencia médica (su responsabilidad directa). Y ahora llega la Señora Comandante, tú estás muy jodido, en todo el día no ha aparecido ni un solo médico para interesarse por tu estado de salud, y ella se presenta a las tantas de la noche y se irrita contigo, gritándote porque estás tardando mucho en vestirte... Creo que en aquel momento le lancé una mirada de loco, aunque todo lo que pude articular fue: «¡no me vuelva a gritar!». Después continué atándome los cordones de las botas, con la misma parsimonia que antes, no con el propósito de hacerla rabiar, sino porque no era capaz de hacerlo más rápido. A la señora comandante aquello la indignó, se notaba que estaba acostumbrada a mandar y a hacer cuadrarse a los que estaban bajo su «cuidado», y se puso a chillar: «¡No me hables de esa manera, voy a avisar a la Policía militar!».

Yo me puse de pie, me alejé de ella, me volví a sentar y le dije, levantando también la voz: «¡Déjeme en paz, avise a la Policía militar, pero no me vuelva a gritar!». Cabreada por que la hubieran privado de la dosis de autocomplacencia que le proporcionaba dominar a los demás, la señora comandante salió de la habitación, sin dejar de amenazarme con entregarme a la Policía militar, pese a que no tenía ninguna razón legítima para hacerlo. Un par de minutos más tarde, después de atarme las botas y despedirme de mi compañero sordo, salí, con una bolsa de basura de grandes dimensiones al hombro (no tenía mochila), donde había guardado mi ropa de camuflaje y un par de deportivas (un regalo de un *spetsnaz*[1] de Stávropol). Afuera, en el patio, comprobé que el vehículo que en teoría estaba esperándome no había llegado, así que todo aquel jaleo que había armado la señora comandante, diciendo, entre otras cosas, que «ya estaban cansados de esperarme», no era verdad. Estaba lloviendo y me quedé allí unos diez minutos más mientras esperaba, porque también yo estaba enrabietado por culpa de aquella doctora comandante histérica, y decidí que era mejor que me quedara bajo la lluvia antes que entrar y tener que volver a cruzarme con ella. Una furgoneta UAZ, de las llamadas «hogaza», entró en el patio y me

---

1. Término ruso que se refiere a los comandos de fuerzas especiales de élite militares y policiales de la Federación de Rusia. Su traducción literal sería «unidad de misiones especiales»: *voiská spetsiálnogo naznachéniya*.

monté. Entonces, del hospital salió la Señora Comandante y le entregó unos documentos al conductor, previniéndole de que no me los mostrara. Y nos pusimos en marcha.

Por cierto, aquella era la misma Señora Comandante que dormía plácidamente la noche anterior y que había tardado media hora en salir a recibirnos. Y nos tuvo a nosotros, los evacuados, esperando en el patio, ateridos de frío. A mí no me importaba demasiado, pero la mayoría tenía heridas de bala o de metralla, algunos vendajes estaban empapados de sangre, algunos heridos gemían de dolor porque los analgésicos ya habían dejado de hacer efecto. Una cosa es tener que aguantar lo que haga falta en la zona de combate, pero cuando uno está «en casa», cuando todos los servicios financiados por el Estado tendrían que estar haciendo su trabajo, y en lugar de eso, hay recortes, ¿acaso no es una amenaza para la seguridad nacional? Si alguien puede llegar a morir o a quedarse inválido de por vida por culpa de eso, ¿no cuenta como una negligencia médica criminal?... Pero, como ya sabemos, los militares tienen prohibido airear en público los problemas que hay en el Ejército.

Quiero ser imparcial. Quizá aquella mujer no sea una mala persona y se tome en serio su trabajo. Quizá la razón de que estuviera durmiendo mientras llegaba un transporte con heridos se deba a una falta extrema de personal en el hospital y una acumulación de horas extra, seguramente sin remuneración. He oído muchas quejas por parte de médicos y enfermeras, pero siempre me pregunto si no tendrán ellos mismos la culpa. Y es que, lo mismo que todos nosotros, nunca se quejan ante los comités de empresa ni denuncian ante la fiscalía o en los juzgados (de muy difícil acceso) la sobrecarga laboral, que no les paguen las horas extra, ni la falta de instrumental y medicamentos necesarios. No hacen más que aguantar, lo cual revierte en la calidad de su trabajo, y terminan por descargar su frustración en los pacientes. El sanitario que formalizó mi evacuación, por ejemplo, me pidió que avisara a la unidad médica de que les faltaban jeringas y analgésicos. Incluso algo tan básico no está disponible en la primera línea del frente. Si el objetivo era quitarnos a todos de en medio, entonces no tengo más preguntas; en caso contrario, ¡¿quién va a responder por la vida de los miles de soldados rusos que obedecían órdenes y no recibieron la asistencia médica garantizada por ley?!

¿Y por qué tener un servicio médico como parte del Ejército? No me estoy refiriendo ahora a la medicina de campaña y de urgencias. ¿Por qué no tener hospitales independientes y modernos donde los médicos traten al paciente en lugar de darle órdenes? ¿Cómo es posible, en general, equiparar el estatus de una persona que se dedica al servicio militar activo con el de alguien que no tiene nada que ver con el verdadero Ejército? Además, los tratamientos que se dispensan en los hospitales militares dejan mucho que desear, y el personal obtiene las mismas prebendas que los militares de carrera: son ascendidos a altos rangos aunque, a diferencia de otros, no tengan que pudrirse en las trincheras...

Un compañero mío cayó en combate en el aeropuerto de Nikoláyev. El verano anterior le habían diagnosticado una hernia inguinal en el hospital militar de Feodosia. Mientras yacía en el quirófano bajo anestesia local, consciente de que ya lo habían abierto, pudo oír a los médicos comentar en susurros ¡que no tenía ninguna hernia! Hay miles de historias como esa, pero es imposible esclarecer la verdad y castigar a los culpables debido a la interacción entre los diversos servicios y el sistema de justicia. A menudo, el *kontráktnik* común no sabe de leyes, y la fiscalía militar no le presta ayuda jurídica a menos que se trate de un caso particularmente grave.

Ya que he empezado a hablar sobre ese tema, diré también que estoy en contra de que las mujeres sirvan en el Ejército ruso. Si no lo hacen en igualdad de condiciones con los hombres, como en el Ejército israelí o en el estadounidense, entonces es mejor que no lo hagan de ninguna manera. La abrumadora mayoría de las mujeres que sirven en nuestro Ejército desempeñan una función decorativa. Con frecuencia son sus maridos o sus amantes los que las enchufan en el servicio, a excepción de algunos casos aislados como las compañías de paramédicos, que a veces tratan realmente de prestar algún tipo de asistencia a alguien, pese a que sus atribuciones son limitadas. Y mejor no hablar sobre las generalas de Shoigú, esas jóvenes que son sus favoritas y que, por alguna razón, obtienen rangos y cargos superiores al de un comandante de regimiento. No se entiende cómo a alguien se le puede haber ocurrido semejante despropósito, que revela una ignorancia y una falta de respeto total por el Ejército.

Retomando el tema de la medicina de campaña, basta con comparar el botiquín de primeros auxilios de un soldado ruso con el de un estadounidense, que es el que a menudo utiliza ahora el Ejército ucraniano. El nuestro incluye un torniquete elástico, vendas y promedol, aunque, en la práctica, muchas veces quienes están en primera línea no tienen ni eso. En cambio, si una persona sin experiencia echa un simple vistazo al botiquín estadounidense, no sabría ni qué es lo que está viendo. La mejor manera de establecer una comparación entre ellos sería comparar un Lada Zhiguli con un Mercedes. Pero nosotros, los militares, tenemos prohibido difundir información sobre nuestro servicio. ¿Qué pasaría si el público se enterara de estos problemas? Es más fácil esconderlos que ponerles remedio.

Mientras me llevaban a otro extremo de la ciudad, a la unidad de oftalmología de otro hospital, yo fumaba e intentaba calmarme. Supe, por el conductor, que no mantenían a nadie por mucho tiempo en aquel hospital recién construido, y que derivaban a los pacientes a otros hospitales y centros de convalecencia de distintas ciudades. Me fijé en la carpeta que la Señora Comandante le había entregado al conductor y le pedí que me dejara echarle un vistazo. Allí había un documento donde se enumeraban mis dolencias; incluía varios parámetros cuya verificación, en realidad, no se me había practicado. El expediente contenía una gran cantidad de folios en los que se describía mi estado de salud: la mayoría de los datos habían sido rellenados de forma aleatoria. También decía que me había entrado tierra en los ojos en el transcurso de una operación especial en Ucrania...

Es posible que, debido al interminable papeleo y a la sobrecarga de trabajo, los médicos tuvieran otros asuntos más importantes en que pensar que el tratamiento del paciente. ¿Cómo, si no, se explica aquel disparate? «Se queja de dolores en la espalda y en las piernas»... Y más abajo, con un rotulador verde brillante: «Agresivo, ¡se salta la disciplina militar!».

Eso es todo lo que hay que saber sobre el Ejército. Si no les haces la pelota a tus superiores, si no te haces el tonto y pones buena cara, te estigmatizan. Al mismo tiempo, es prácticamente imposible lograr, por vía legal, que ellos se atengan al reglamento en su trato contigo. Debido a esta situación injusta, hay quien pierde la paciencia y entra en conflicto abierto con el mando, lo cual significa que inmediatamente tu carrera se ha acabado, porque en el Ejército actual solo quieren a los que dicen que sí a todo.

El recorrido nocturno por Sebastopol estaba tocando a su fin. Entramos en el recinto descomunal de un hospital militar; un edificio destartalado, herencia de la era soviética, como casi todo lo que nos rodeaba: reliquias de otro tiempo, del glorioso país del pasado. Nuevamente, me pasean por distintos puntos de registro, antes de derivarme a la unidad de oftalmología. Ahora son las nueve de la noche. El pabellón de oftalmología no se parece en nada al hospital del que vengo. Tonto de mí, había creído que los que veníamos del frente recibiríamos un tratamiento médico decente. Al parecer, ese hospital modélico —como muchas otras cosas, entre ellas el mítico tanque T-14 Armata, largamente prometido pero que nunca apareció—, servía solo para guardar las apariencias.

25 DE FEBRERO, POR LA MAÑANA

Son las dos de la madrugada. Tengo la sensación de que acaba-
mos de dormirnos, cuando la patrulla ya nos está despertando
para que les hagamos el relevo. Mientras dormíamos, el frío nos
había entrado hasta los huesos. A lo lejos se oye un tiroteo y ex-
plosiones. Patrullamos en total oscuridad, caminamos con ener-
gía para, de alguna manera, entrar en calor. Se ha producido
cierto acercamiento entre los compañeros, los oficiales se mues-
tran más amables. Una hora después, despertamos a los del si-
guiente turno, nos volvemos a arrebujar en los sacos y, congela-
dos, nos dormimos.

Alrededor de las cinco de la mañana despiertan a todo el
mundo y nos ordenan que nos preparemos para ponernos en
marcha; de hecho, ya estamos todos preparados, nadie se ha
quitado la ropa ni ha dormido en una cama, todos hemos dor-
mido dentro de los vehículos y no he visto a nadie quitarse las
botas. Esperamos un rato y por fin arrancamos al amanecer.
Nos avisan de que estemos preparados ante posibles embosca-
das. Los BTR de reconocimiento van a la cabeza, el resto de los
vehículos los seguimos a cierta distancia. El estado de ánimo
general ha mejorado; me extraña que, durante la noche, no nos
hayan atacado, habida cuenta de nuestra vulnerabilidad. Eso
significa que o bien la situación no es tan mala y los ucranianos
tienen problemas mayores, o bien estamos a punto de caer en
una trampa.

La columna avanza despacio por carreteras y pistas de tierra. Uno de los camiones vuelve a quedarse atascado en la arena al subir una cuesta con sobrecarga. Nos ponemos a trasladar los proyectiles que transportaba a otros vehículos. Acarreo con el resto las pesadísimas cajas y me quejo, diciendo que lo mejor es abandonar el camión y darnos prisa para alcanzar a los nuestros en la vanguardia, porque de nuevo estamos perdiendo tiempo. El oficial que está a mi lado, un viejo conocido, me toma el pelo: «Venga, pues presenta una queja ante el Ministerio de Defensa», y se queda mirándome con expresión cansada, a la espera de mi reacción. Me detengo y le suelto todo un discurso diciendo que si todo el mundo hiciera como yo, en vez de dedicarse a hacer partes fotográficos, formaciones inútiles y otras tareas sin sentido, si hubiéramos aprendido algo y hubiéramos recibido un entrenamiento real de combate, no estaríamos ahora tan jodidos, incomunicados y con un montón de maquinaria, incapaces de llegar hasta Jersón.

Él desvió la mirada, fingiendo que había alguna otra cosa más importante que requería su atención. No llegué a saber si lo había hecho porque se negaba a hablar del tema o porque estaba de acuerdo con lo que yo había dicho. Según la disciplina militar, no tengo derecho a dirigirme a un oficial en ese tono, así que resolví no insistir y seguí trasladando en silencio las cajas de proyectiles.

Una hora más tarde, el camión, ya sin carga, consiguió salir. La columna alcanzó una carretera asfaltada y nos volvimos a detener. Yo maldecía cuanto había a mi alrededor: estábamos en un lugar ideal para caer en una emboscada, con matorrales a ambos lados.

Salté del URAL sin frenos y me puse a fumar mientras deambulaba a lo largo de la columna. Había un BTR-82 de reconocimiento cerca; no conocía a ninguno de sus tripulantes. Como el regimiento estaba recién formado, casi nadie se conocía. Además, se nos había unido el batallón de reconocimiento procedente de la 7.ª División de Asalto Aéreo. Al no ver caras conocidas, pensé que aquel BTR era de la 7.ª, y pasé de largo en silencio, disfrutando de uno de los últimos cigarrillos que me quedaban. Entonces, desde el vehículo, alguien me gritó, en tono amistoso: «¿Qué pasa que no saludas?». Reconocí al joven teniente que estaba al mando cuando hice el curso inicial de paracaidismo. Aunque era mucho más joven que yo, era uno de los pocos oficiales por quienes yo sentía un verdadero respeto. A veces nos cruzábamos en la pista de atletismo, él era muy buen corredor, quizá el mejor de todo el regimiento. El alto mando aún no había conseguido que se le quitaran las ganas de seguir en el Ejército. Lo habían trasladado a la compañía de reconocimiento, cosa que yo no había logrado, por lo de siempre: mi mala relación con el comandante de la compañía y aquella jodida obsesión mía por cambiar un sistema corrupto presentando quejas ante el Ministerio de Defensa. Estuvimos un rato charlando, entre risas, de lo divino y lo humano. En general, me había dado cuenta de que todos empezaban a emplear más a menudo entre ellos el apelativo de «hermano» y que se hablaban en un tono más cercano y alegre.

De pronto, apareció el jefe de la unidad sanitaria del regimiento. Estaba buscando un lugar donde trasladar a un herido. Me lo había cruzado durante la noche mientras patrullábamos. A pesar de un conflicto previo a raíz de un incidente –me habían hospitalizado por una neumonía y mi nombre no se había incluido en la lista de pacientes– habíamos tenido una buena conversación sobre lo que estaba ocurriendo. Al ver que en la caja de nuestro URAL sin frenos solo viajábamos dos personas y el fondo estaba cubierto con cajas con proyectiles sobre las que era posible colocar la camilla con el herido, el jefe de la unidad sanitaria escogió nuestro camión.

Después de cargar la camilla con el herido, que estaba delirando, el jefe subió al camión, le puso una inyección, lo cubrió con una manta isotérmica y lo tapó con un saco de dormir. Nos dijo que vigiláramos al pobre chaval y que, en caso de hemorragia, le hiciéramos un torniquete. Creo que era el mismo chico al *que le habían partido la pierna al girar el cañón de un BMD. Yacía en la camilla, gimiendo muy levemente, palpándose la pierna de vez en cuando para comprobar si estaba sangrando. No paraba de decir que tenía frío, así que le pusimos nuestros sacos de dormir por encima. Más tarde me contaron que aquel hombre murió. En vez de evacuarlo a un hospital, al cuidado de nuestras bellas y cariñosas enfermeras, como sucede en las películas americanas, lo llevábamos, adentrándonos cada vez más hacia la línea enemiga, sobre unas cajas llenas de proyectiles, en un URAL sin frenos.*

Durante todo el recorrido, el joven tirador de mortero y yo viajamos sentados junto al borde del camión, concentrados, preparados para una emboscada. Yo ya sabía que, en caso de ataque, nuestra misión consistía en descargar rápidamente los morteros, instalarlos, apuntar según las coordenadas y abrir fuego para apoyar a la infantería. Eran morteros de calibre 82 mm, con un alcance máximo de cuatro kilómetros. Nadie había disparado con ellos ni una sola vez porque acababan de entregarlos a la compañía. Anteriormente, la dotación había utilizado uno de calibre 120 mm. Genial. Dejaban todo para el último momento, como siempre, y ya nos las arreglaríamos sobre la marcha.

Viajamos por caminos en muy mal estado; pasamos por delante de dachas, invernaderos y poblachos. De vez en cuando veíamos a civiles por allí, que nos observaban con una mirada hosca al pasar. Sobre algunas casas ondeaban, como si pretendieran desafiarnos, banderas ucranianas. Las banderas llamaban la atención y me provocaban un sentimiento confuso en el que se mezclaban el respeto por el patriotismo valiente de aquellas personas y la conciencia de que ahora aquellos colores, en principio, eran los del enemigo; es decir, aquellas personas nos hacían saber que no se alegraban de nuestra presencia. Las casas que veíamos al pasar producían una sensación de inquietud y peligro. Tenía claro que si de pronto una de ellas me resultara sospechosa, yo dispararía sin pensarlo dos veces, puesto que un descuido o la menor demora suponían una muerte segura para mí y mis compañeros. Dudar es peligroso. Pero, al mismo tiempo, no quería matar a nadie, deseaba evitar el derramamiento de sangre. Seguía sin saber a qué nos íbamos a enfrentar de ahí en adelante, cuál era la situación. ¿Qué estaba ocurriendo en el mundo? ¿Quién había atacado a quién? ¿Qué necesidad teníamos de tomar Jersón? ¿Qué había sucedido con los que nos habían tomado la delantera la noche anterior? ¿Para qué carajo me había metido a tirador de mortero?

Alcanzamos la carretera principal sobre las ocho de la mañana, y avanzamos durante un rato. Entonces empezamos a ver a los nuestros: BTR y Tigres...[1] Vi unos Tigres desconocidos que no eran de la 56.ª Brigada y les grité: «Eh, tíos, ¿de dónde sois?». Me respondieron: «¡De la 11.ª Brigada! ¿Y vosotros?». Avanzamos despacio y veo un BTR tiroteado que se ha salido de la carretera, y más allá, otros vehículos militares abatidos, acribillados a balazos, y camiones con obuses, quemados y abandonados, algunos de ellos con impactos de bala de origen incierto: los obuses son de un color poco habitual, algunos vehículos son verdes como los nuestros y otros, de un color raro. Sobre el asfalto hay cristales rotos, restos de sangre, rastro de fuego, suciedad, casquillos; el aire huele a sangre y a batalla. Algunos de los vehículos aún echan humo, y si bien en sus flancos se adivina algo parecido a la letra «Z», en realidad es una «z» minúscula. Debían de estar avanzando en dirección contraria, tratando de decidir qué hacer sobre la marcha. Daba la impresión de que era una columna ucraniana que venía desde Jersón, y que había sido tiroteada por nuestras unidades, aunque ¿para qué coño iban a pintar los ucranianos la letra «z» en sus vehículos? ¿O es que, en realidad, eran de los nuestros?

Más tarde nos llegó el rumor de que, durante la noche, los nuestros habían aniquilado aquella columna, también nuestra, al confundirla con el enemigo. Esta versión me la confirmó

1. Vehículo blindado multifunción.

un recluta de cuerpo menudo y encorvado con el que compartí habitación en la unidad de oftalmología del hospital de Sebastopol...

Unos UAZ han empezado a formar una columna a nuestro lado. Veo que se trata de mi compañía. Nuestra columna se detiene, salto del URAL sin frenos y voy a saludar a mis camaradas. Al llegar donde ellos, los noto algo aturdidos; voy de vehículo en vehículo preguntando cómo van las cosas. Las respuestas son confusas: «Es un puto desastre», «Combatimos durante toda la noche, ¿tienes un cigarrillo?», «Estoy alucinando, ¿qué te ha pasado en el ojo?», «Estuve recogiendo cadáveres en la carretera, uno tenía los sesos desparramados sobre el asfalto», «Dame un cigarrillo, se nos ha acabado el tabaco, espera, ¿quién te ha pegado en el ojo?», «Hola, ¿dónde te habías metido?, dame un cigarro».

Constantemente pasaban vehículos civiles maniobrando entre nuestra columna: taxis, ambulancias. Algunos tenían un aspecto sospechoso, pero nadie prestaba atención a los civiles, tan solo les daban el alto de vez en cuando para pedirles tabaco. La tropa estaba exhausta, aunque también en sus filas sonaba cada vez más la palabra «hermano».

Cruzo la mirada con un sargento, un hombre mayor, y decido pasar de largo, no es momento para discusiones. En 2014, cayó herido en el primer día de la guerra e inmediatamente fue condecorado con la Medalla al Valor Militar. Le encantaba contarles a los novatos lo profesional que era; me hacían gracia las anécdotas que explicaba, así que le escuchaba hablar sin decir nada, con una sonrisa en los labios. Pero el 22 de febrero, cuando le oí contarles a los chicos, junto a la hoguera, cómo su brigada «había matado a todos los ucranianos como a gatitos» en algún pueblo y que su compañía había aniquilado a todo un regimiento del Ejército ucraniano, me hirvió la sangre. Era consciente del peligro que representaban aquellas «historias alrededor de la hoguera», así que intervine, haciéndole preguntas incómodas. Así, en un solo día, la buena relación que teníamos se acabó, y se le empezaron a bajar un poco los humos.

De nuevo en la carretera con mi propia compañía, seguí yendo de vehículo en vehículo, saludando a los compañeros, francamente contento de volver a verlos. Quise saber si habían sufrido bajas. Me explicaron que había desaparecido el joven teniente al mando del pelotón, con el que yo había discutido y por el que, en parte, estaba ahora en otra unidad. Más tarde supimos que se había adelantado junto con el combat *y las dos compañías. No se sabía nada de ellos, los daban por muertos...*

Nunca llegué a comprender por qué el comandante del batallón de asalto se había marchado con las dos compañías mientras la 6.ª compañía se quedaba allí. Uno de los chicos, que estaba al tanto de todo, compartió la siguiente información conmigo: «Pasha, es un infierno. Al parecer, nuestro jefe de compañía la cagó, no nos llevó a donde debía. Nos perdimos, aunque eso nos salvó la vida. El combat *y las dos compañías que se fueron con él deben de haberse ido a la mierda. Por la mañana vino el comandante del regimiento y le echó la bronca a nuestro jefe de compañía delante de todo el mundo. ¿Y tú, dónde te habías metido? ¡Dame un cigarrillo!».*

Después de recorrer la columna de arriba abajo, me detuve para charlar con unos de la 11.ª Brigada y unos marines spetsnaz. No eran muchos, pero sus unidades estaban equipadas con vehículos blindados Tigre. Una cosa estaba clara: la compañía había recibido su bautizo de fuego, y por suerte todos estaban bien, por extraño que fuera. Según me contaron, el combate había durado toda la noche; en el enfrentamiento habían participado tres bandos: los nuestros, los ucranianos y no se sabía quién más. Pero era imposible que no hubiera bajas tras una contienda que había durado toda la noche. Como suele decirse, para quien tiene miedo, todo son ruidos.

Sonó la orden: «¡A los vehículos!». Mientras asimilaba la información que había recabado, empecé a trepar a la caja del URAL sin frenos, preocupado por no dañarme el otro ojo. Al herido se lo habían llevado a alguna parte. Parecía que la cosa no pintaba tan mal.

La columna formó varias filas en la carretera. Un compañero de la unidad de morteros se acercó y nos dio dos botellas de agua de un litro y medio cada una y dos paquetes de racionamiento. Durante todo el día anterior no habíamos comido nada. Después de beber a gusto, abrimos uno de los paquetes, cogimos unas latas de comida y, sin calentarlas, nos pusimos a comer. Sin embargo, no estábamos especialmente hambrientos: el subidón de adrenalina nos quitaba las ganas de comer. Estaba claro que avanzaríamos sobre Jersón y seguramente entraríamos en combate.

Algunos civiles cargados con bolsas pasaban por la carretera junto a la columna, aparentemente huyendo de la guerra. La mayoría venían a pie o en coche desde Jersón, el lugar adonde nos dirigíamos ahora. Sentía pena por aquellas personas, pero al mismo tiempo, me cabreaba y me ponía nervioso que se permitiera a los coches pasar por en medio de la columna sin control alguno, lo cual entorpecía nuestra marcha. Porque era obvio que estábamos en guerra y que nadie nos iba a recibir con los brazos abiertos. Entre aquellos civiles seguramente había militares camuflados que en cualquier momento podían comunicar nuestra posición a la artillería, la aviación o los RPAS,[1] y entonces la columna, densamente formada sobre la carretera, estaría completamente jodida.

Me fijé en un chico joven, con ropa de civil, que pasaba a nuestro lado en dirección a Jersón, a diferencia del resto. Me puse de pie y le grité: «¡Eh, tú, ven aquí!». El chico se acercó, sobresaltado. Tendría unos veinte años, llevaba la ropa sucia y algo grande, era moreno y bajito. Vi que temblaba de miedo ligeramente. Había algo sospechoso en él; le pregunté quién era y por qué se dirigía en aquella dirección. Me respondió, chapurreando en ruso con un marcado acento ucraniano, que había estado trabajando temporalmente en un almacén de verduras y que el dueño le había dicho que ya no habría más trabajo a

1. Vehículo aéreo no tripulado.

causa de la guerra, y como él residía en la región de Nikoláyev, ahora estaba volviendo a casa.

Aquella explicación me pareció absurda. El chico no me inspiraba confianza, parecía un soldado vestido de civil al que hubieran enviado a reconocer el terreno, o un desertor. Cuando se lo dije, se puso a temblar todavía más, tartamudeando y enseñándome su pasaporte plastificado. Realmente tenía veinte años.

Intentamos tranquilizarlo, asegurándole que no le haríamos daño, pero le aconsejamos que en aquel momento no fuera hacia Jersón porque probablemente allí iba a haber enfrentamientos, y era mejor que los civiles no fueran junto al Ejército. El chico siguió hablando con torpeza; decía que no tenía nada que comer y por eso tenía que volver a casa... Mi compañero y yo nos miramos y le dimos uno de nuestros paquetes de racionamiento. Le dije que saliera de la carretera, que se metiera en el bosque, encendiera un fuego, se calentara, que comiera algo y que no reemprendiera la marcha hasta que nuestra columna se hubiera ido. El chico cogió el paquete y se fue hacia el bosque.

Me quedé con la impresión de que estaba mintiendo, pero si era así, ¿qué debía haber hecho con él? Tal vez en realidad era un desertor que no quería combatir. No sentía rabia hacia él, antes me daba un poco de pena, y tenía cierto sentimiento de culpa por haber irrumpido en su país y por haberles jodido la vida a todas aquellas personas. Pero ¿y si tenía razón y aquel chico iba a reunirse con los suyos para comunicarles nuestra posición? Por otro lado, cientos de vehículos civiles con cámaras habían pasado ya delante de la columna, incluso algunos de los pasajeros nos filmaban con sus móviles sin disimular. Qué desastre.

Aquel lío con la formación de la columna duró hasta más o menos el mediodía. Después empezamos a acelerar y fuimos avanzando a toda velocidad hacia Jersón. Íbamos pasando al lado de vehículos y equipos ucranianos destruidos, carbonizados o abandonados, todos ellos de la antigua era soviética, aún

*peores que los nuestros: BTR, BRDM,[1] GAZ,[2] camiones URAL,
sistemas de misiles antiaéreos antiguos tipo Osa. Todo aquello
parecía haber sido destruido por helicópteros, y la mayoría de
los vehículos habían sido abandonados o atacados con armas
ligeras, seguramente por nuestra avanzadilla. Me pregunté qué
les estaría ocurriendo ahora.*

*La columna se detuvo en varias ocasiones, nos ordenaban
que nos preparáramos para el combate y nos apostábamos a
ambos lados de la carretera. Se oían tiros más adelante; los BTR
de reconocimiento iban al principio de la columna. En un momento, un grupo de diez reclutas se echa al suelo justo a mi lado.
Empiezo a gritarles que se dispersen, que no se apiñen. Se los ve
a todos algo desorientados, les sigo gritando que no se apunten
entre ellos y uno de ellos hace una broma estúpida: «Vaya ¡tenemos a un profesional en nuestras filas!». Acto seguido, el conductor del URAL sin frenos dispara a mi lado, se pone rojo de
vergüenza y se disculpa con todo el mundo, diciendo que ha sido
un accidente. Escrutamos la espesura del bosque; un BMD ha
descerrajado allí varias ráfagas, haciendo pedazos unos cuantos
árboles. También desde la cabeza de la columna alguien ha disparado ráfagas contra el bosque. Nos han informado de que allí
hay fuerzas enemigas. Estoy tendido en el suelo, observo el bosque, con la adrenalina desatada; el tiempo es fresco y gris, el
bosque delante de nosotros tiene un aspecto lúgubre, y allí no se
ve una mierda. Alguien a mi lado dice que cree haber visto a alguien allí.*

*A los diez minutos, una nueva orden: «¡A los vehículos!».
Poco después, llegamos a un cruce con señales que indican la
dirección de Jersón y la de Odesa. Un pensamiento me cruza
la mente: toda mi vida he soñado con visitar Odesa, siempre he
creído que esa ciudad me gustaría. ¿Será cierto que nuestras tropas van a ocupar, sin más, todas las capitales de provincia,*

---

1. Vehículo blindado de reconocimiento.
2. Camión blindado.

organizar algún tipo de referéndum y anexionar esos territorios, integrándolos en la Federación de Rusia? Me río pensando eso de que «los sueños se hacen realidad».

Estoy sentado sobre una caja de proyectiles junto al borde del camión mientras apunto hacia el bosque lúgubre a nuestra derecha. Mi compañero controla el lado izquierdo. La columna avanza a gran velocidad, veo algunos coches civiles destrozados, un Tigre de los nuestros quemado, también un Rys,[1] también nuestro: alguien ha disparado un RPG contra el parabrisas, el vehículo está abandonado; fue abatido, pero no lo quemaron.

Estoy dándole vueltas a la cabeza, pensando en cómo vamos a asaltar Jersón: el alcalde no va a salir a recibirnos para darnos la bienvenida con pan y sal, ni va a izar la bandera rusa sobre el edificio del Ayuntamiento mientras nosotros entramos desfilando en la ciudad. Todo lo que he visto durante los dos últimos días es muy diferente a lo que pasó en Crimea. No he podido sacar nada en claro de estos dos primeros días de guerra. ¿Qué está ocurriendo? ¿Qué sucede en Rusia? ¿Qué pasa en Donbás? ¿Qué está pasando en el mundo?

Espero que a nuestro mando no se le ocurra hacer que entremos en la ciudad formando una columna. Por lo que he oído, Jersón es una ciudad importante, si entramos allí formando columna, estamos jodidos. Grozni[2] era mucho más pequeña: ¿es que no aprendemos nada de los errores del pasado? Conociendo nuestro nivel de entrenamiento y organización, me espero lo peor. Las cosas deben de estar muy mal en las filas ucranianas si nuestros comandantes piensan que podemos asaltar la ciudad a la carrera, teniendo en cuenta, además, que teníamos que haberla tomado ayer. Ayer habríamos contado con la ventaja del factor sorpresa, pero, como siempre: si en tiempos de paz en el Ejército reina el desorden, en tiempos de guerra las cosas solo pueden empeorar.

1. Vehículo blindado.
2. La capital de Chechenia.

Voy sentado con el chaleco antibalas y un casco con las gafas gastadas que, si bien me protegen del polvo de la carretera, no me dejan ver con claridad. El equipo que llevo es incómodo, el cierre de la correa del fusil está roto, de modo que tengo que fijarla a la baqueta acoplada al cañón. El pasamontañas no protege del frío e impide respirar, las correas del chaleco me hacen daño en los hombros, ya llevo dos días sin quitármelo. Las botas reglamentarias son incómodas, tengo los pies sudados y congelados. Las estúpidas bandas de tela blanca que llevamos en la pierna y en el brazo ya se han oscurecido con el polvo y la suciedad, a quién se le ocurre, ¿acaso estamos jugando a Strikeball? En mitad del combate, en la distancia, nadie se va a fijar en ellas. Me quedan dos cigarrillos; y a casi todo el mundo se le ha acabado el tabaco. Venga, me digo, concéntrate: ¡seguramente tenemos algún plan!

Parece ser que estamos cerca del puente sobre el río Dniéper. De pronto, el avance se ralentiza: nos detenemos y volvemos a avanzar lentamente. Empezamos a ver vehículos militares rusos que pasan a toda velocidad en dirección contraria. Vemos a los conductores pisando el acelerador a fondo, sacando del vehículo todo lo que este puede dar de sí. Comienzo a ver caras conocidas dentro de los vehículos, mi ansiedad aumenta. La columna entera está volviendo a toda prisa, y empezamos a dar la vuelta y a conducir de regreso lo más rápido posible. Todo el que puede hacerlo nos adelanta, y al final, nuestros camiones se quedan sin protección alguna, mientras alcanzamos a los demás...

¡¿Qué está ocurriendo allí?!

En el hospital militar me recibió una sanitaria de edad avanzada que me entregó un par de zapatillas viejas de tallas distintas y me puso en una habitación con un joven recluta. Luego me llevó al oftalmólogo, que me volvió a examinar y me recetó un tratamiento...

Durante la semana que recibí el tratamiento, dormí, comí y seguí las noticias de Ucrania por la tele que había en la sala común, tratando de recabar toda la información disponible. En la zona para fumadores, hablé con otros pacientes: casi toda la planta estaba ocupada por soldados con heridas de metralla, quemaduras y contusiones en los ojos.

Viendo las noticias en la tele, no me entraba en la cabeza que no dijeran la verdad: la guerra casi no se cubría, y la información no me parecía objetiva. Voy a referir dos casos que me parecen dignos de mención.

Desde el primer día, me quedo pegado a la pantalla de la televisión, impaciente por oír las noticias del frente, pero todo lo que veo no son más que chorradas y reportajes grabados vete a saber dónde. Advierto que hay una disonancia entre lo que yo he visto y lo que cuentan en las noticias. En la primera línea, bajo fuego enemigo, la atmósfera era de «¡Ni un paso atrás, detrás está Stalingrado!»,[1] había que resistir costara lo que costara y el hambre, las enfermedades, la falta de sueño y las bajas no tenían importancia. Mientras tanto, en las noticias contaban que las

1. Una consigna patriótica de guerra.

bajas eran mínimas y que el país entero trabajaba para proveer a las tropas de todo cuanto pudiéramos desear. Una presentadora refirió una breve noticia sobre el incendio que se había producido en el buque de guerra *Moskvá*, que, según decía, había sido sofocado con éxito antes de que remolcaran el buque averiado a algún lugar. Esa noticia no me pareció demasiado interesante, no sé nada de la Marina. Pero entonces, uno de los hombres que están allí, dijo: «Ese era mi buque, el *Moskvá* ya no existe». Aquel soldado también tenía una lesión en los ojos, debida a una explosión. Me dijo que el *Moskvá* era el orgullo y el buque insignia de la Flota del mar Negro. Resulta que se encontraban a cuarenta kilómetros de Odesa mar adentro, cuando fueron alcanzados por tres misiles. Dos de ellos impactaron en el casco, el buque ardió y la tripulación fue evacuada, pero no al completo... Intentaron ocultar la pérdida del buque durante una semana más, pero todo el mundo acabó enterándose de la derrota, la vergüenza y el dolor. No creo que Pedro el Grande ni F. F. Ushakov[1] estuvieran orgullosos del estado en el que se encuentra la Marina de Guerra rusa.

Su relato puso las cosas en su sitio y recordé que no hay que creer lo que se cuenta por la tele...

El otro asunto importante es la historia del recluta.

Era un hombre joven, flaco y encorvado. Resulta que él también había estado en la guerra. Le habían dicho: «Debes ir, no tendrás que hacer nada, eres operador de comunicaciones». Su unidad pertenecía a la artillería. El primer día de la guerra fueron hacia Jersón y, en el puente sobre el Dniéper, se toparon con las tropas ucranianas. Nuestro contingente no estaba lejos de allí; una parte de nuestro regimiento, junto con la 11.ª Brigada, se había abierto paso a través del puente y había entrado en combate. Los artilleros de la unidad de aquel tipo, a su vez,

---

1. Fiódor Fiódorovich Ushakov (24 de febrero de 1744-2 de octubre de 1817) fue el comandante y almirante naval ruso más distinguido del siglo XVIII.

viendo que habían ido a parar a la primera línea y avistando, además, los GRAD[1] ucranianos, dieron media vuelta y retrocedieron por la carretera, con la intención de desplegar sus obuses para disparar. Ya estaba oscuro, estaban incomunicados, como el resto; no se distinguía la letra «Z» que llevaban pintada en los vehículos. En la oscuridad, su columna fue atacada, algunos de los vehículos ardieron, dejando Cargos 200 y 300, y los demás se dispersaron, llevados por el pánico. Aquel joven también se dio a la fuga, junto con varios compañeros, y al día siguiente pudo reunirse con nuestras tropas. Por lo que yo sé (vi esa columna a la mañana siguiente) y según me relató el recluta, esa columna había sido destruida por nuestras propias tropas.

Parece que la corrupción y el desorden que imperan en el Ejército acaban teniendo un coste demasiado alto. Perder la vida de esa manera, el primer día de la guerra, a causa del fuego amigo: ¿quién asumirá la responsabilidad por quienes murieron o cayeron heridos? Porque la causa de su muerte no fue la profesionalidad del Ejército ucraniano sino la desorganización del nuestro.

Tras una semana de tratamiento, mis ojos recuperaron su color normal y los pude abrir. El médico me permitió usar lentillas, y volví a ver todo con nitidez, incluido el desastroso estado en que se encontraba la planta donde yo estaba ingresado, con un solo retrete para cuarenta personas.

No mantenían a los pacientes allí por mucho tiempo, puesto que iban llegando otros nuevos todos los días. Antes de darme de alta, me enviaron a la unidad de traumatología, porque me quejaba de dolores en la espalda y en las piernas. Me dolía al levantarme de la cama, al subir escalones y al caminar. En traumatología, un gordito rubicundo y risueño (probablemente, también, comandante) escuchó mis quejas y me mandó a hacer una radiografía. Después de que me radiografiaran los huesos de las piernas y la columna vertebral, el doctor me informó

1. Lanzamisiles múltiple.

alegremente de que no tenía huesos rotos y me aconsejó, en caso de que los dolores no remitieran, acudir al hospital en el lugar donde estuviera destinado. Fue desagradable ver la actitud de desidia de aquel doctor pagado por el Estado para velar por mi salud, pero yo tampoco sabía qué me pasaba, y la perspectiva de ser «libre» y cruzar el puesto de control en la entrada del hospital me resultaba tentadora. Después de todo lo que había pasado, estaba desesperado por volver a la vida normal, por disfrutar de la comodidad del hogar, por echar un trago y comer algo rico o, simplemente, dar una vuelta por la ciudad y ver a la gente...

25 DE FEBRERO, POR LA TARDE

Son alrededor de las cuatro de la tarde, y no tengo ni puñetera idea de qué está pasando. Tengo la sensación de que hemos recorrido unos cincuenta kilómetros en la dirección opuesta. La columna vuelve a formar y se desvía para entrar en el bosque, sobre un suelo arenoso, partiendo los troncos de los árboles. A unos ciento cincuenta metros de la carretera, dentro del bosque, empezamos a instalar nuestros equipos en los puntos indicados por el comandante. Los compañeros bajan de los vehículos e intercambian información, mientras se piden cigarrillos unos a otros.

Los mandos nos hacen llegar el aviso de que, más adelante, se han avistado unos GRAD ucranianos, así que se nos ordena que nos preparemos para un bombardeo, es decir, que nos pongamos inmediatamente a cavar lo más hondo que podamos para atrincherarnos. Los vehículos ya casi no tienen reservas de combustible, hay problemas con la comunicación. Las posiciones se organizan en una especie de defensa de erizo, aunque todavía no está claro dónde tienen que colocarse los morteros. Da la impresión de que cada comandante escoge una posición para su unidad de forma aleatoria. Algunos se ponen a cavar trincheras, otros van de aquí para allá, no se sabe bien adónde ni para qué, los hay que abren sus paquetes de racionamiento para comer rápidamente, aprovechando la espera. No queda claro quién ni cómo dirige todo aquello...

Mi compañero y yo también decidimos calentar nuestra ración con un infiernillo, a la espera de que nos confirmen la posición de nuestro mortero. Tardamos un cuarto de hora en cocinar y tragarnos una papilla caliente. Mientras tanto, alguien de la unidad de morteros se queja ante el suboficial, un alférez de Daguestán, diciendo que lleva dos días sin comer y que no sabía que teníamos paquetes de racionamiento y agua. El suboficial le responde a gritos que le importa una mierda y le dice: «¡Están en aquel KAMAZ de allí, ve a cogerlos y, por mí, puedes zampártelo todo de una sola vez!». Yo sigo comiendo en silencio, sentado en el suelo, mientras observo la escena: están, sencillamente, descargando la rabia el uno con el otro, conscientes de que hay que darse prisa para comer mientras se pueda.

Después de comer, viendo que a nadie a mi alrededor le queda tabaco, y que la posición de los morteros está todavía por fijar, recorro el campamento tratando de conseguir un cigarrillo y buscando caras conocidas, pero también procurando conocer a los que todavía no conozco. Me cruzo con un tío y le digo: «Hermano, ¿me invitas a un cigarrillo?». Él se detiene, me dirige una mirada de cansancio y responde: «Hermano, soy subcomandante de la división, eh», al tiempo que saca un cigarrillo y me lo ofrece. Lo cojo, lo enciendo y le digo, impasible: «Ah, disculpe entonces, gracias por el cigarrillo». En ese momento, realmente me importa una mierda qué rango o qué cargo ocupa, y, claramente, a él tampoco. Todo el mundo va por ahí sin la insignia.

Teniendo en cuenta que en breve se espera un bombardeo de los GRAD enemigos que amenaza con dejar una gran cantidad de Cargos 200 y 300, montamos una defensa de erizo. Hace mucho que nuestros cazas y helicópteros no se dejan ver, no tenemos comunicación, estamos a cien kilómetros de la primera línea del frente, todo el mundo está agotado y tiene sueño, pero nadie quiere morir tampoco. Algunos, sudando la gota gorda, cavan trincheras esforzadamente, gastando las pocas energías que les quedan...

Mientras disfruto del cigarrillo, camino por el campamento
en busca de información e intento conseguir más tabaco para
más tarde. Ocupamos una superficie de aproximadamente un
kilómetro cuadrado, somos unas quinientas personas, los vehículos y todo el equipo están repartidos de forma caótica. Están
abriendo trincheras en un suelo arenoso. Las trincheras cavadas
en la arena no podrán protegernos de un MLRS. Sin embargo,
hay grandes coníferas alrededor. Tal vez eso nos ayude, pero aun
así, si los misiles explotan contra las copas, caerán los cascotes,
provocando Cargos 200 y 300. Camino con un nudo en la garganta, consciente de que es posible que no sobreviva a ese día, lo
mismo que los que están a mi alrededor, por lo que me alegro
mucho de verlos vivos, igual que ellos a mí.

Me acerco a uno de los grupos, pido un cigarrillo y me entero
de que tienen nasvay.[1] De acuerdo, pues, venga ese nasvay. Me
meto los gránulos verdes detrás del labio y me provocan un efecto relajante. Me quedo allí escupiendo tabaco y charlando con
esos tíos, que me cuentan que son de la 11.ª Brigada, transporta-
da allí en helicópteros. Dicen que, de toda la brigada, quedan
unas cincuenta personas, y que ellos son los últimos; el resto,
probablemente, han muerto.

Estuve un rato escuchándolos y después seguí mi recorrido
con un sentimiento de amargura hacia nuestro Ejército, que
se ha dedicado a cualquier cosa menos al entrenamiento real, y
por eso ahora las cosas estaban como estaban. Me dolía pensar
que, probablemente, moriría de forma anónima, junto con aquellos chicos, bajo el fuego de los MLRS o a causa de un contraataque del Ejército ucraniano o de vete a saber de quién. ¿Contra
quién combatimos, contra la OTAN? ¿Quién había aniquilado a
los que ayer marcharon adelante? ¿Dónde se encuentra el grueso
de nuestro Ejército? ¿Dónde están los Armata, los Sarmat,[2] los

1. Tabaco de mascar.
2. Misil balístico intercontinental.

Bélyi Lébed[1] y toda esa mierda propagandística de la tele? Ya entonces, en mi interior, tenía la certeza de que la muerte me rondaba, pero me estaba mentalizando para no irme sin hacer ruido.

Tras recorrer todo el campamento, pude ver que allí se encontraba aproximadamente la mitad de mi regimiento, reforzada con la 7.ª División, la 11.ª Brigada y algunas unidades de marines spetsnaz (quién sabe cómo habían ido a parar allí, con nosotros); es decir, casi todos éramos paracaidistas.

Seguí caminando mientras pensaba que seguramente habíamos perdido nuestras posiciones, que sin duda sufriríamos más ataques de MLRS y que habría más bajas. Si los grupos de sabotaje ucranianos avanzaban al mismo tiempo y nos atacaran después de un bombardeo de MLRS, aquello sería una carnicería. Estamos exhaustos, nos encontramos en suelo enemigo, no conocemos el terreno, estamos incomunicados, sin el apoyo de la artillería y de la aviación, y los que han podido avanzar más allá de nuestra posición probablemente han sido aniquilados.

Vagando por el campamento, me acordaba de mi padre, hacía memoria para recordar todo lo que sabía sobre la actuación de la 56.ª Brigada en Yugoslavia, y en la primera y la segunda guerra de Chechenia, sobre la batalla por la Cota 776[2] y sobre la 6.ª compañía.[3] En ese momento parecía que fuéramos a terminar igual que ellos.

Caos, corrupción, falta de entrenamiento y, venga, te envían directo al peor infierno posible. En la guerra, la fuerza está en el grupo, el éxito depende de la coordinación general, de la preparación y la motivación. Sabía que teníamos problemas

1. Túpolev Tu-160, bombardero pesado supersónico.
2. La batalla por la Cota 776 tuvo lugar durante la segunda guerra de Chechenia en la lucha por el control de la garganta del río Argún.
3. La compañía que luchó en esa batalla y fue completamente aniquilada por el enemigo que la superaba en número.

con la coordinación y el entrenamiento, pero al hablar con mis hermanos de filas comprobé que no nos faltaba motivación.

A pesar de que nuestra situación era muy jodida, todo el mundo había asumido ya que los paracaidistas que habían marchado hacia delante, unos mil hombres, seguramente habían muerto. Todos parecíamos aceptar la idea de que, probablemente, moriríamos allí.

Anduve por ahí, con un nudo en la garganta, buscando mi compañía, dolido por toda aquella situación de mierda, y porque muchos de nosotros probablemente íbamos a morir de una manera absurda. En mi cabeza, un pensamiento firmemente arraigado: estoy en contra de la guerra, defiendo a las Fuerzas de Asalto Aéreo y a todos los paracaidistas que han dado su vida, y sin embargo, voy a morir. Que así sea. Es una pena que nuestra preparación no sea más que una mentira, pero eso no nos da derecho a mancillar la reputación de las VDV de antaño: si hemos de morir, que sea con las botas puestas. Si nuestros hermanos ucranianos han matado a los que se nos adelantaron, es que la cosa va en serio, y tenemos que mentalizarnos para luchar hasta el final, en vez de entregar, sin más, nuestras vidas.

Aun así, seguía preguntándome qué diablos estaba ocurriendo. ¿Tal vez Moscú también había sido atacada? Allí estaba mi hermana. No sabíamos lo que sucedía en el mundo la noche del 25 de febrero...

Encontré a todos en mi compañía cavando trincheras rápidamente. Cuanto más profundo cavas, más oportunidades tienes de sobrevivir en caso de un bombardeo. El suelo era blando, más bien arenoso. Si un obús impactaba cerca, las trincheras se desmoronarían en el acto. Desde mi punto de vista, habría sido más acertado distribuirnos con una distancia mayor entre nosotros. Éramos unos quinientos en un espacio de un kilómetro cuadrado, aparte de los camiones con munición. En caso de que el enemigo nos bombardeara, daría siempre en el blanco. Pero nadie me había consultado al respecto, nuestros «padres _comandantes_» _eran los expertos, aunque tampoco estaba muy claro quién era el que dirigía toda aquella locura._

Anduve por allí, saludando a los chicos de mi compañía, muy contento de ver a cada uno de ellos. Quería insuflarles ánimos y que alguien me animara a mí también, porque a lo mejor ya no volvíamos a vernos.

Recordé mi primer salto con paracaídas. Fue en Crimea, cerca de Dzhankói. Todos los que íbamos a saltar éramos novatos. Cuando el helicóptero alzó bruscamente el vuelo y una luz amarilla se encendió junto a la rampa, yo estaba acojonado, igual que el resto, pero al ver que todos a mi alrededor se ponían pálidos y tenían el rostro desencajado, forcé una sonrisa y levanté el pulgar, tratando al mismo tiempo de establecer contacto visual. Lo único que pensaba entonces era: «Lo importante es no cagarla». Esto era similar, solo que la situación ahora era mucho más grave.

Entonces vi a un prisionero ucraniano. Ya había visto a unos cuantos desde lejos aquella mañana. Estaba sentado con las manos atadas junto a un árbol. A su lado había un par de latas de conserva vacías y una botella de agua, también vacía. Las latas eran ucranianas, seguramente su propia ración; se notaba que acababa de comer. Lo custodiaba un compañero mío de Daguestán, una buena persona, por cierto. Más que custodiándolo, parecía que lo estuviera protegiendo de la ira de los nuestros. Uno de los compañeros, al pasar a su lado, le gritó al jefe de compañía: «¡A la mierda con el ucraniano, fusilémoslo, han matado a un montón de los nuestros!». Estaba claro que se lo habría cargado si hubiese podido. Ahora que habían comenzado las primeras bajas, salía a la luz la crueldad y la sed de venganza de la gente.

El prisionero tenía un ojo morado, una herida enorme, se notaba que el golpe había sido muy fuerte, y seguramente no había sido con la mano. Por alguna razón, me entraron muchas ganas de conocerlo y hablar con él. Me puse en cuclillas a su lado. Era un hombre robusto de unos cuarenta y cinco años, estaba

*fumando ávidamente un cigarrillo de liar que le acababa de pa-
sar y encender el amable compañero daguestaní. El prisionero
me resultaba al mismo tiempo familiar y extraño: la única diferencia entre nosotros era que estábamos en bandos opuestos del
conflicto, pero de hecho ambos habíamos nacido en la Unión
Soviética.*

*Lo miré de arriba abajo, como a un extraterrestre, pero no
detecté nada raro. No sentía odio hacia él, más bien me daba
pena. Mirándolo a los ojos, por alguna razón, le dije, en voz alta:
«Qué, hermano, ¿vamos a palmarla todos juntos?». Estaba
sentado con actitud resignada, y en ese momento me miró, sor-
prendido, y me preguntó: «¿Por qué lo dices?». Con una sonrisa
tonta, le contesté: «Porque ahora los vuestros nos van a machacar
con los GRAD». Y dijo, sonriendo él también: «Entonces probablemente tienes razón en que la vamos a palmar juntos».*

*El guarda daguestaní me contó que uno de nuestros soldados
había tomado la iniciativa de interrogar al ucraniano. Como no
le gustaba cómo le respondía, le había dado una patada en la
cara. El comandante del regimiento lo vio y lo obligó a discul-
parse con el prisionero bajo la amenaza de enviarlo a un tribunal
de guerra.*

*A todo esto, ¿dónde estaba el comandante del regimiento? Yo
no lo había visto ni una sola vez, aunque sabía que él estaba por
ahí cerca. El jefe de mi compañía, que pasaba por ahí, me dijo,
burlón: «¿Qué tal, Filátiev, te gusta estar en la unidad de morteros? Has conseguido escapar por fin de tu comandante, fuente
de todos tus males, ¿eh?». Yo le respondí con rabia, diciendo que
ahora estábamos todos en el mismo barco y que ese no era el
momento de esclarecer quién era culpable de los males de quién.
Desvió la mirada, como si estuviera de acuerdo conmigo, y siguió dando órdenes sobre la marcha, que más que órdenes eran
alaridos.*

*Unos van corriendo hacia alguna parte, otros caminan, algu-
nos siguen cavando, otros arrastran bultos... Me levanto y vuelvo con mi unidad; tengo que darme prisa, ha empezado a*

oscurecer. Junto al KAMAZ de mi compañía, el suboficial me ordena que pare y, en medio del ajetreo, me pide que lo ayude a trasladar Cargo 200. Le digo que tengo que darme prisa, pero insiste y me asegura que no tardaremos mucho. Hay varios cuerpos sobre las camillas, y los que están fuera del KAMAZ los levantan y se los entregan a los que están dentro de la caja del camión. Están todos muy cansados. No veo cuántos cadáveres hay ya en el KAMAZ; en el suelo hay tres Cargos 200 sobre sendas camillas. Ayudo a cargarlos. Pesan muchísimo, o quizá es que estoy demasiado cansado. Mientras tanto, pregunto si los muertos son de nuestra compañía. Me responden que no.

Después de ayudar a cargar los cuerpos, me doy prisa por llegar a mi unidad. Allí, las posiciones de los morteros por fin han sido fijadas. Descargamos las piezas del camión. En total, somos cinco dotaciones de cuatro personas cada una. Llevamos los morteros hasta el extremo de nuestras posiciones, adentrándonos aún más en el bosque. Pesan mucho, los pies se nos hunden en la arena. Al llegar, dejamos las piezas y la munición en el suelo, y echamos un vistazo alrededor... Empiezo a quejarme de la posición: es un pequeño claro en el bosque, qué desastre.

Alineamos los cinco morteros apuntando en distintas direcciones. Estamos a unos doscientos metros del resto, es decir, estamos desprotegidos, solo tenemos los fusiles. Si el enemigo ataca desde el bosque, estamos muertos. El resto de la tropa ni siquiera sabe que estamos aquí: podrían acribillarnos de noche, disparando sus UTIOS y AGS[1] en dirección a sus propios camaradas...

En ese momento, me doy cuenta de que mi fusil ha desaparecido. Joder, vaya mierda... El cierre de la correa estaba roto, y debe de haberse caído sin que me diera cuenta mientras cargaba en la espalda las bolsas con proyectiles. Vuelvo sobre mis pasos, escrutando la oscuridad en busca del fusil. Así llego casi hasta la mitad del campamento, donde están los camiones de la unidad

---

1. Lanzagranadas automático.

*de morteros. Uno de los nuestros grita: «¿A quién diablos se le
ha perdido el fusil?». Me acerco corriendo, aliviado: «¡Es mío!».
Lo compruebo –sí, efectivamente, es el mío–, le doy las gracias al
compañero y vuelvo al borde, donde están los morteros.*

*Una vez allí, veo que ya están cavando trincheras para los
morteros. Me pongo a cavar. Ha oscurecido casi por completo,
y, casi sin fuerzas, seguimos cavando… Cuando acabamos ya es
noche cerrada, alrededor de las nueve. Estamos empapados de
sudor y dentro del bosque hace ya mucho frío.*

*Todavía no nos han disparado, eso está muy bien. Pero es
posible que el enemigo esté esperando deliberadamente para
abrir fuego durante la noche, y luego, quizá nos ataque la infantería, en la oscuridad total, dentro del bosque. No tengo ninguna
otra explicación de por qué los GRAD del enemigo todavía no
nos han disparado.*

*Me acuerdo de la configuración de nuestras posiciones. Tengo
la impresión de que acabaremos disparándonos entre nosotros si
entramos en combate.*

*Empezamos a hablar sobre qué hacer y cómo dormir. Nuestro
mortero es el último de la línea; estamos rodeados de bosque, sin
nadie alrededor, por tres lados. Si el enemigo nos encuentra,
nuestros morteros serán una presa fácil. ¿Quién fue el idiota que
decidió que aquella era una buena posición para los morteros?
De todas formas, no servirán de mucho en medio del bosque.
Uno de los compañeros tiene una teoría: el mando nos ha colocado dentro del bosque a propósito; no podemos hacer mucho
aquí, con nuestros morteros, y aparte de eso, solo tenemos fusiles. El grueso de la tropa tiene el control visual de la carretera y
enseguida detectará al enemigo si se acerca por ahí. Pero si atacan desde el bosque, nosotros, apostados en un pequeño claro de
suelo arenoso, seremos el blanco y el señuelo perfectos.*

*Parece que estamos todos paranoicos; el plan del mando no
está muy claro. Tenemos que calmarnos. Lo que nos han ordenado desde arriba es: cavad trincheras y preparaos para el
bombardeo de los GRAD y para un ataque enemigo. Estamos*

*incomunicados, no hay aviación, casi no queda combustible en
los depósitos, estamos en la retaguardia profunda. Si el enemigo se encuentra primero con nuestra unidad, para cuando nos
hayan aniquilado a todos, el grueso de la tropa habrá tenido
tiempo para prepararse. ¿Quizá el compañero tenga razón?*

*¿Por qué no han desplegado la unidad de reconocimiento por
aquí? Habría sido lógico establecer unas avanzadas a lo largo
del perímetro del campamento, a cierta distancia de este, pero
no se ha hecho. Qué locura. No hemos visto al jefe de nuestra
batería desde ayer. Se rumorea que el* combat *se lo llevó con él
como observador de artillería, así que es probable que también
haya muerto. Le pregunto a mi joven compañero sobre el jefe de
batería; me dice que no le da ninguna pena aquel cabronazo.
Cómo estamos, joder, me arrepiento de haber sacado el tema.*

*Quizá hayan conseguido llegar hasta Jersón, se hayan atrin-
cherado allí y, cercados por el enemigo, estén librando un combate a la espera de que acudamos en su auxilio. En nuestras filas
quedan todavía dos tenientes, jefes de pelotón, pero están con el
resto del mando en algún punto del campamento. ¿Quién nos va
a comunicar las coordenadas para disparar? En teoría, podemos
tirar hacia la carretera, pero los árboles son muy altos. Hay un
montón de armas de gran calibre alrededor, la carretera está ex-
puesta a cualquier disparo de corto alcance, ¿qué diablos estamos haciendo aquí con nuestros morteros de calibre 82 mm?*

*Me acuerdo de que la posición de mi compañía está orientada
hacia donde nos encontramos nosotros. No se los ve desde aquí,
desde detrás de los árboles. Si el enemigo llega desde el bosque,
no tendremos ninguna posibilidad, y si nos batimos en retirada
hacia el campamento, en plena confusión, nuestros propios
compañeros dispararán contra nosotros sin pararse a mirar
quiénes somos. Me digo que, si nos atacan, tendremos que resistir como sea, no hay manera de retroceder.*

*La noche anterior, sin embargo, no nos atacaron, aunque es-
tábamos situados allí como un blanco perfecto en un campo de
tiro y alrededor se libraban combates. No creo que esta noche*

tengamos tanta suerte. A estas alturas, Ucrania entera sabe ya dónde estamos y cuántos somos. A veces, a lo lejos, se oyen disparos y explosiones. Sin duda, el Ejército local debe de conocer este bosque como la palma de su mano.

Al igual que la noche anterior, vuelvo a pensar en Dios. Tal vez todos los humanos seamos iguales en esto: nos acordamos de Él cuando las cosas se ponen feas. Aceptaba que, probablemente, no sobreviviría a esa noche, pero decidí no rendirme fácilmente.

En teoría, si había empezado una guerra a gran escala, nuestras fuerzas seguramente debían de haber lanzado ataques con bombas y misiles contra todos los objetivos militares de cierta importancia, aniquilando al mismo tiempo a los grandes contingentes de tropas del enemigo. Pero algo me decía que todo iba mal.

Ahora en el bosque reinaban una oscuridad y un silencio totales; en el claro donde nos encontrábamos tan solo había un poco de luz de las estrellas, que brillaban entre las nubes. Los visores nocturnos solo nos permitían ver el claro, pero no el área cubierta de árboles: estaba demasiado oscuro, los aparatos no penetraban allí, y además, no había que gastar la batería del visor.

Nos dormimos pese al frío. Convenzo a los chicos de que, mientras dos de nosotros duermen dentro de la trinchera, otros dos, tendidos junto al parapeto, monten guardia vigilando el bosque. Nuestra posición se encuentra en un extremo, y si el enemigo ataca por nuestro lado, no contamos con nadie. Decidimos que lo mejor es hacer relevos de media hora: llevamos mucho tiempo sin dormir demasiado y me preocupa que si nos dormimos todos, podemos no volver a despertarnos. Así que eso es lo que hacemos: dos duermen y dos montan guardia. En cuanto te duermes, inmediatamente te despiertan para hacer relevo.

El entorno es precioso, a su manera. Hace mucho frío... Tengo muchas ganas de dormir..., de lavarme..., de comer caliente..., me encantaría tomarme una taza de café..., abrir YouTube y enterarme de lo que pasa en el mundo. ¿O quizá lo hayan bloqueado?

Se oyen unos disparos ahí fuera. ¿Por qué estamos incomunicados? Tal vez ya hayan disparado armas nucleares... ¿Adónde ha ido nuestra aviación? Tengo ganas de fumar, hace mucho que se me ha acabado el tabaco... Ojalá no me duerma durante mi guardia, no quiero que nos pillen por sorpresa... Oigo que algo explota ahí fuera...

Son alrededor de las cinco de la mañana; parece que empieza a clarear... El amanecer es el mejor momento para atacar.

Son las seis de la mañana, es de día...

¿Será posible que hayamos tenido suerte y no nos hayan machacado durante la noche con MLRS haciendo avanzar luego la infantería para rematarnos?

A todo el que llegaba procedente del frente de Ucrania lo trasladaban desde el hospital militar de Sebastopol a la base de los marines, situada en el otro extremo de la ciudad. Nos llevaron allí con una furgoneta UAZ tipo «hogaza» (un cochazo, no sé por qué los parlamentarios no lo usan), que se quedó sin combustible a mitad del recorrido, así que nosotros mismos, siete tíos con pinta de salvajes, tuvimos que desembarcar junto al supermercado METRO, espantando a los transeúntes con nuestra mirada enloquecida, nuestra barba y nuestro uniforme andrajoso. Proveníamos de distintas ciudades –Cherkesk, Volgogrado, Rostov, Nálchik, Ulán-Udé– y todos deseábamos volver a casa cuanto antes. Me acuerdo de uno de Volgogrado, que todavía llevaba en el uniforme las bandas blancas en la pierna y en el brazo. Era mecánico y conductor de un BMP-3 (mejor que alguno de esos cacharros viejos). Su blindado fue alcanzado por un Javelin y ardió, y él era el único superviviente. Era un tipo pequeño, tartamudeaba horriblemente, tardaba de cinco a diez segundos en articular una palabra. Nos contó que habían querido enviarlo al psiquiátrico, pero él se opuso, firmó un documento por el que renunciaba a la asistencia médica y ahora estaba viajando de vuelta a casa...

Cuando llegamos a la base de los marines, nos condujeron al cuartel acondicionado para alojar a los que habían recibido el alta, a la espera de ser enviados de vuelta a su unidad. Lo siento mucho por esas unidades.

En el cuartel, somos un centenar de tíos de vuelta de la guerra, trastornados por todo lo que hemos vivido allí y con una felicidad enloquecedora por haber sobrevivido y regresado a la civilización. Algunos tartamudean intensamente; hay dos con amnesia (de pronto recordaban de dónde eran, y enseguida lo volvían a olvidar), muchos beben como cosacos, gastando sus ahorros en alcohol y prostitutas, despilfarrando cien mil rublos al día, y lo que es peor, algunos no estarán de regreso en casa hasta diez días después. Muchos de ellos habían cobrado los tres millones de la indemnización: por una costilla rota o una herida de bala. Puedo comprender su actitud, es normal volverse loco, quieres disfrutar de todo de lo que no tenías allí, en el frente, especialmente después de todo lo que has pasado y porque, al regresar vivo de la guerra, uno siente que ha vuelto a nacer. Aun así, yo opté por marcharme el mismo día porque sabía que irte de borrachera con tus compañeros de armas –con quienes han vivido lo mismo que tú y que ahora te comprenden mejor que tus seres más cercanos–, puede llegar a absorberte (serví en Chechenia de 2007 a 2010 y solía participar en juergas de este tipo). Además, igual que muchos otros, no había cobrado los tres millones: después de dos meses de «operación especial», en mi cuenta bancaria había doscientos quince mil rublos. Entonces pensé que nuestros parlamentarios, absolutamente inútiles para la sociedad, alejados completamente del pueblo, cobran quinientos mil al mes sin arriesgar su vida ni su salud por el bien de Rusia. E incluso un buen diseñador de software puede llegar a cobrar esa suma en un mes. Esta es la realidad hoy en día.

Por cierto, acerca de esos tres millones: nosotros lo llamamos «el dinero de Putin», que es lo que recibes de acuerdo con un decreto sobre las indemnizaciones por lesiones, contusiones, discapacidades y heridas sufridas por los movilizados durante la operación especial en Ucrania. En cualquier caso, han dejado de pagar como es debido, y aplican, en su lugar, un extraño criterio para dividir a los damnificados. Un tipo al que la metralla no le había penetrado «muy profundamente» en el cuerpo no recibió nada, mientras que a otro, en cambio, lo indemnizaron por un dedo roto durante los primeros días de la guerra. Además, desde el principio corre el rumor de que alguien se está embolsando un buen dinero con todo aquello, tramitando indemnizaciones en nombre de soldados sin decirles nada: solo con indicar los datos correspondientes, *voilá*, hacen el negocio. También se rumorea que hay quien figura entre los que estaban en el frente y cobran una nómina, aunque en realidad se encuentran en otro lado. Por ejemplo, dos meses después de regresar a Rusia, a mí me seguían ingresando ciento veinte mil rublos al mes en la cuenta, mientras que había quienes no cobraban ni un duro porque formalmente estaban acuartelados. Ninguna queja ante el Ministerio de Defensa puede resolver el problema. Lo único que se logró con aquel decreto de los tres millones ha sido aumentar la corrupción y el descontento en el Ejército. Te vuelan una pierna: toma, tres millones; tienes una costilla rota: toma, tres millones, y tú solo tienes restos de metralla bajo la piel: no te llevas nada.

No quiero ni hablar sobre los que se disparaban en el pie a propósito. Porque si su sueldo era de treinta mil rublos, como el mío, para ganar tres millones tendrían que trabajar ¡cien meses! La tentación es grande.

En cualquier caso, ¿cómo iban a saber nada de esto las autoridades? ¿Qué saben ellos de los problemas de los soldados rasos, de los que hacen el trabajo sucio? Seguro que en los partes todo cuadra.

26 DE FEBRERO

Eran cerca de las seis de la mañana. Tenía el cuerpo entumecido y congelado, aún no me había quitado el chaleco antibalas en ningún momento, pero la temperatura ya había empezado a subir. Daba alegría comenzar un nuevo día: llegaban los primeros rayos del sol y con ellos, la esperanza de no tener que morir heroicamente, rodeados del enemigo.

De repente, desde lejos llegó el ruido de una columna acercándose. Se notaba que allí había una gran cantidad de vehículos oruga; el ruido, aunque distorsionado por la distancia, venía del lado de la carretera principal, pero no estaba claro desde dónde en concreto. Desde la mitad del campamento se oyó la orden: «¡Preparados para la acción!».

El estruendo iba aumentando, era obvio que la columna era grande. Seguro que eran tanques. Una pregunta me daba vueltas en la cabeza: ¿a qué bando pertenece el convoy?

El bosque estaba en silencio, todo el mundo estaba tenso y callado.

La columna estaba muy cerca, ya estaban aquí, a la altura de nuestra posición, junto a la carretera. Desde el campamento, se oyeron gritos de júbilo: «¡Son los nuestros!». Resultó que eran parte de la columna del 33.º Regimiento de Infantería Motorizada: tanques, BMP, camiones cisterna, Pánzir-M[1] y artillería tipo Msta.[2]

El 33.° Regimiento, lo mismo que mi brigada, provenía de Kamishin. Había sido creado el año anterior, sobre la base de la disuelta 56.ª Brigada de Asalto Aéreo. Entonces, muchos de los paracaidistas permanecieron en Kamishin y se integraron en aquel regimiento de infantería, algunos dimitieron, otros fueron trasladados a otras ciudades, y hubo quien continuó el servicio en el actual 56.° Regimiento de Asalto Aéreo, en Feodosia. Es decir, muchos de la 56.° Brigada y del 33.° Regimiento habían servido juntos, y muchos del 33.° eran antiguos paracaidistas. Mientras su columna seguía inmóvil en la carretera, nosotros permanecimos dentro del bosque.

Los recién llegados nos dijeron que ya nos habían dado por muertos. Creían que nos habían aniquilado, y por eso no habían intentado establecer comunicación con nosotros. El encuentro fue cálido, el estado de ánimo general mejoró sensiblemente. Nos relajamos, incluso empezamos a encender hogueras para calentar nuestras raciones. Hervimos agua, bebimos té y café. Pronto, los Pánzir comenzaron a abatir los drones que nos sobrevolaban. Aquello probablemente evitó que fuéramos bombardeados por MLRS.

Hacia las once de la mañana dieron la orden de prepararse para partir. Después de cargar los vehículos, empezamos a formar a lo largo del arcén. Habían traído combustible; mientras repostaban, fui recorriendo la columna, hablando con los que no conocía y tratando de recabar toda la información disponible. Uno de los chicos a los que acababa de conocer me ofreció nasvay; me lo puse en la boca y, ya relajado, me quedé hablando con él. De pronto oí un ruido ensordecedor: uno de los Pánzir, que estaba cerca, había lanzado un misil que dejó una bonita

---

1. Sistema autopropulsado de misiles tierra-aire de alcance medio y artillería antiaérea.
2. Obús autopropulsado de calibre 152 mm.

estela sinuosa en el cielo azul y abatió, con una explosión, el dron que nos sobrevolaba en ese momento. Aquel día cayeron unos veinte de esos drones.

Hacia la hora de comer nos ordenaron que nos pusiéramos a cubierto y nos preparáramos para el combate: se habían avistado vehículos blindados enemigos avanzando en nuestra dirección desde Jersón. Volvimos todos corriendo al bosque, ocupando de forma caótica nuestras posiciones.

Pensé lo mismo que había pensado antes: si el enemigo nos alcanzaba y pasaba junto a nosotros por la carretera, la mitad de nuestras tropas nos mataríamos unos a otros. Intenté buscar una posición desde la que pudiera evitar el fuego amigo. Cuando comprobé que era prácticamente imposible, sencillamente me senté junto a un árbol y me quité el casco. El sol brillaba, hacía calor...

De pronto, el joven teniente de nuestra unidad nos mandó preparar los morteros. A regañadientes, fuimos corriendo hacia los camiones, a por las armas y la munición. Las cargamos sobre la espalda y tratamos de volver rápidamente para instalarlas, pero el suelo arenoso cedía bajo nuestros pies. Mientras acarreábamos los morteros hacia nuestra antigua posición, a un kilómetro de distancia, oímos un tiroteo a varios kilómetros de nosotros, en la carretera, del lado de Jersón.

Entonces me di cuenta de que me había dejado el puñetero casco en el bosque. Al oír la orden de instalar urgentemente los morteros, me había puesto en pie de un salto y me había ido corriendo con los demás, olvidándome del casco...

No pude ver lo que ocurrió exactamente, pero más tarde supe que los BTR de reconocimiento y los tanques, que estaban a la cabeza de nuestra columna, habían abierto fuego, destruyendo varios de los vehículos enemigos que se acercaban, y el resto, simplemente, había dado media vuelta. Según entendí, la columna enemiga era pequeña, posiblemente habían salido en una ronda de reconocimiento. No tengo más detalles.

Así pues, nada más terminar de instalar los morteros, se nos ordenó la retirada. Volvimos a cargar las piezas y los proyectiles para llevarlos de vuelta al camión. Mientras caminábamos, notaba el cansancio acumulado y una casi total falta de energía. Durante la noche, el frío nos había calado hasta los huesos y ahora hacía mucho calor y el uniforme volvía a estar empapado de sudor.

Cargamos los morteros en los camiones y fui vagando por el bosque mientras preguntaba a cuantos me cruzaba si alguien había cogido mi casco. Aunque allí había unas quinientas personas, nadie lo había visto. Tampoco pude identificar el árbol junto al que me había sentado; por lo visto, a causa de la fatiga, tenía el cerebro frito.

Permanecimos aún unas cuantas horas más allí mientras los camiones cisterna repostaban nuestros vehículos. Finalmente, llegó la orden, «¡a los vehículos!»; nos montamos y nos quedamos a la espera de la señal para arrancar. Hacia las cuatro de la tarde nos pusimos en movimiento. Otra vez había que mentalizarse para entrar en acción.

En la avanzada de la columna iban los BTR de reconocimiento y los tanques. De vez en cuando se oían cañonazos y ráfagas de ametralladoras de gran calibre.

Aunque la columna marchaba a gran velocidad, a veces nos deteníamos, saltábamos de los vehículos a la orden de «¡en posición de combate!» y luego, ordenada la retirada, volvíamos a subir y reanudábamos la marcha. Un hombre no llegó a tiempo de subir a su vehículo, así que lo ayudamos a montar en el nuestro, que ya estaba en marcha. Resultó que era un joven de Crimea, y conocía Jersón. A medida que nos íbamos acercando al puente, nos fue haciendo una especie de visita guiada, explicándonos las características del terreno. Tenía una actitud bastante hostil con respecto a Ucrania, hablaba con rabia de los «nazis». Si bien yo no sentía la misma rabia, me gustaba escucharlo porque así me era más fácil mentalizarme para entrar en combate: nosotros contra ellos. Yo no dudaba de que, en caso de necesidad, apretaría el gatillo, pero tampoco estaba convencido de estar haciendo lo correcto. Todo transcurría como en un sueño. El ambiente era gris, olía a humo y a pólvora. De cuando en cuando veíamos coches destrozados y viejos vehículos y armamento destruidos. También parecían destruidos los equipos ucranianos abandonados que habíamos visto el día anterior: lo más probable es que los tanques de la avanzada estuvieran disparándoles ahora desde lejos, por seguridad. Al mismo tiempo, en comparación con el día anterior, en la carretera se veía una gran cantidad de vehículos nuestros, principalmente BMD-2 y UAZ. A medida que avanzaban, se iban estropeando y se abandonaban allí, sin más. Cerca del puente vi unos GRAD destruidos.

Cuando cruzamos el río Dniéper (que resultó ser bastante ancho y me recordó al Volga), vi varios cadáveres, no sé de quiénes eran. Al otro lado del puente había un puesto de control y una gasolinera; estaba claro que, en algún momento, allí se había librado un combate.

Por todas partes había gasolineras y tiendas bombardeadas. De vez en cuando se oían los cañonazos de los tanques más adelante. Rápidamente, empezó a oscurecer y a hacer frío.

El joven de Crimea nos dijo que pronto veríamos Jersón, y, en efecto, a la izquierda, a lo lejos, en medio del crepúsculo aparecieron las luces de una gran ciudad. Con las luces apagadas, nuestra enorme columna fue rodeando la ciudad por la carretera.

Pasamos junto a un blindado ucraniano abatido que ardía a unos cien metros de nosotros (en la oscuridad no se veía si era un tanque o un BMP), y de repente explotó, con una deflagración atronadora que nos cegó y que hizo volar por los aires la torreta del blindado. Pegamos un salto y apuntamos nuestras armas en aquella dirección. Pero, por lo visto, la munición que había dentro del vehículo había detonado. Yo nunca había visto explosiones así de potentes. Todos teníamos los nervios a flor de piel, a la espera de entrar en combate.

Avanzábamos, a veces acelerando, a veces deteniéndonos bruscamente. De pronto, el conductor dio un giro violento hacia la izquierda: los que íbamos detrás en el camión caímos rodando junto con las cajas, y un mortero me golpeó con fuerza en el pie. Cuando continuamos, en la oscuridad, vimos un tanque abatido, probablemente ucraniano, que el conductor no había visto hasta el último momento. En realidad, ese conductor merece ser condecorado por el mero hecho de haber conseguido llegar hasta allí en un URAL sin frenos. Qué puñetera locura: un URAL sin frenos yendo a la guerra...

La carretera estaba destrozada, era noche cerrada. La columna apenas avanzaba y a veces se detenía, con los vehículos apiñados, un blanco perfecto para la aviación y la artillería. Debían de ir muy mal las cosas en el Ejército ucraniano en vista de que aún no nos había quitado de en medio.

Llevábamos varias horas rodeando la ciudad a paso de tortuga por la carretera. A lo lejos vi cómo disparaban varias ráfagas de munición trazadora contra nuestra columna del lado de la ciudad. Seguimos avanzando en medio de una oscuridad total. Algunos empezaron a entrar corriendo en los comercios destruidos a lo largo de la carretera y a llevarse cigarrillos, patatas, refrescos... A nadie le quedaba tabaco, así que yo también pensé en entrar en alguna tienda; tenía muchas ganas de fumar, aparte del subidón de adrenalina, la fatiga, el frío, el hambre y la sed. No lo veía como un robo, eso no me importaba, pero no encontré el momento oportuno. Es más fácil saltar de un UAZ en marcha y volver a subir que trepar la caja de un URAL. Nadie iba a quedarse a esperar a nadie, con el peligro añadido de que uno de nuestros vehículos te podía atropellar fácilmente en la oscuridad. Durante una de las paradas, vi a un chico pasar corriendo al lado con unas bolsas de plástico y le grité: «¡Hermano, danos algo de tabaco!». La columna acababa de ponerse en movimiento, pero rápidamente nos lanzó tres paquetes de cigarrillos antes de montar de un salto en su Tigre en marcha.

Me *fumé varios cigarrillos seguidos, fue un placer indescriptible. El tabaco ucraniano no está mal, eran West Red, fuertes, no los venden en Rusia. Me siento mal por no haber pagado por ellos, no tengo la costumbre de coger lo que no me pertenece, pero me consuelo pensando que los saqueadores locales, de todas formas, ya andaban por allí.*

Mientras fumo, siento rabia hacia el alto mando: llevamos ya tres días aquí y a ningún comandante se le ha ocurrido que tenemos necesidad de fumar, comer y beber. Me acuerdo de cuando estaba en el campo de maniobras, hace una semana; nuestra columna estaba alineada y se nos ordenó que viajáramos ligeros de equipaje. En ese momento, la mayoría aún creíamos que se trataba de unas maniobras, aunque yo ya sospechaba que se estaba tramando algo. Aunque, a decir verdad, ni en mi peor pesadilla podía imaginar que la cosa llegaría más allá de Donetsk o Lugansk, o quizá es que simplemente me engañaba a mí mismo.

Decidí largarme de la base de la Marina cuanto antes, sin tramitar siquiera los papeles del viaje. Cuando finalmente llegué a mi base, enseguida me dieron dos semanas de permiso (como el año anterior me había quedado sin hacer las vacaciones que me correspondían por antigüedad, me hicieron el favor) con la condición de que, pasado ese plazo, me reincorporaría al servicio para «salvar la Ucrania ocupada de los nazis».

Ha llegado el momento de aclarar cuál es mi actitud ante la guerra. Como casi todo militar con sentido común, estoy en contra. Desde luego, me gusta todo lo relacionado con lo militar, como a la mayoría de los hombres; al fin y al cabo, me crie en ese ambiente. Pero, como suele decirse, «los que más gritan contra la guerra son los que no van a la guerra». En cualquier caso, no comprendo qué necesidad tenemos de entrar en guerra con Ucrania; no existe ninguna razón real que lo justifique. Aún diré más: yo estaba en contra de la anexión de Crimea (donde me encuentro mientras escribo estas líneas) y de avivar el conflicto en Donetsk y Lugansk, especialmente cuando los ucranianos son el pueblo más cercano a los rusos. Para mí, esta es, pura y simplemente, una guerra civil. Mi tatarabuelo, en cuyo honor me pusieron Pável, fue un *kulak* en Ucrania. Luchó en la Primera Guerra Mundial (que, por cierto, no aportó nada a nuestro país salvo muerte y sufrimiento) donde fue envenenado por los alemanes con gases tóxicos y perdió el olfato para siempre. Cuando regresó a su casa desde la guerra, los bolcheviques lo despojaron de su hacienda y lo desterraron a Siberia. Desde entonces, durante los últimos cien años, el poder ha ido cambiando de manos, hasta que ahora, su tataranieto Pável es enviado a su tierra natal para sacrificarse, una vez más, para nada. Primero fue el zar; luego, el líder; después, el secretario general, y ahora, el presidente...

Como suele decirse, «cuando los ricos hacen la guerra, son los pobres los que mueren». Creo que lo correcto sería que Putin y Zelenski lo resolvieran cara a cara, para acordar qué territorio pertenece a qué país. Así, decenas de miles de civiles y militares ucranianos y rusos conservarían la vida; cientos de miles, la salud, y millones, sus casas y propiedades. Pero tengo prohibido decir semejantes cosas, estoy privado del derecho a opinar al respecto, así que no haré pública esta propuesta, de modo que nadie jamás llegará a verlo. Y es que, quién soy yo para reflexionar sobre todo esto, soy un simple paracaidista, y cuando los jefes ordenan y mandan, las VDV deben responder: «¡Sí, señor!».

El Ejército se basa en el principio de la unidad de mando. Y así debe ser, desde mi punto de vista, porque si nuestro país, efectivamente, es atacado y el Ejército se pone a reflexionar sobre si es justo o no, sobre lo que está bien y lo que está mal, lo que es verdad o es mentira, nos puede costar muy caro: pueden bombardear y asaltar nuestras ciudades, y provocar sufrimiento a nuestros seres queridos, antes de que cada uno de los soldados comprenda finalmente que el alto mando tenía razón.

También en esta ocasión estábamos cumpliendo órdenes. Personalmente, me habría dado vergüenza negarme a cruzar la frontera de Ucrania el pasado 24 de febrero, porque en aquel momento no estaba informado ni conocía la situación estratégica y geopolítica. Toda esa información ha de estar a disposición de los peces gordos del Gobierno; para eso los han investido los ciudadanos de nuestro país con unos poderes casi ilimitados, confiando en ellos para que multipliquen o al menos conserven la riqueza, el poder y la grandeza de nuestra nación. Son ellos los que detentan en sus manos la fuerza del Ejército ruso. Por si lo han olvidado los que están en las altas esferas, fue el pueblo el que les confió ese poder, no para arruinar la vida de la gente, sino para proteger a nuestro país y a sus gentes, y para asegurarse de que no se repitan el horror de la invasión mongola, la quema de Moscú por parte de Napoleón o la destrucción de Stalingrado por parte de Hitler. Sin embargo, al olvidarlo o al ignorarlo, Rusia se está transformando, a los ojos del resto del mundo, en el Cuarto Reich. ¿De quién es la culpa? ¿Mía? De hecho, estoy siendo testigo del hundimiento total de Rusia.

27 DE FEBRERO

Sobre la una de la madrugada pude contemplar la ciudad de Jersón entera. La columna se había detenido, desplegada a lo largo de la carretera; tenía la impresión de que estábamos cercando la ciudad. Mi esperanza era que nuestros grandes jefes militares no nos ordenaran entrar durante la noche formando una columna: tendría un desenlace fatal.

Permanecimos un rato sentados en el borde de los vehículos, y luego nos bajamos. Junto a nosotros, unos morteros de calibre 120 mm abrieron fuego disparando contra un blanco sin determinar. Tenían un alcance de hasta ocho kilómetros. Nuestros morteros, de calibre 82 mm, con un alcance de hasta cuatro kilómetros, solo servían para dar cobertura a una ofensiva de la infantería. De nuevo pensé que la había cagado al unirme a la unidad de morteros y que ahora estaría mejor si me hubiera quedado en mi compañía de asalto, en vez de ir sentado sobre las cajas con proyectiles, como si fuera sentado sobre un barril de pólvora...

Mi compañía se encontraba cerca. Uno de nuestros compañeros bajó de la cabina y nos dio un refresco; alguien le había pasado varios. Nos lo bebimos de un trago, la bebida azucarada nos proporcionó algo de energía.

Hacia las dos de la madrugada, nuestra compañía de reconocimiento partió para explorar el aeropuerto de Jersón: nuestro regimiento tenía que tomarlo. Siguiendo a la compañía de reconocimiento íbamos: *los camiones de la unidad de morteros, el batallón de asalto (del que solo quedaba mi compañía; las dos restantes habían desaparecido junto con el* combat *el 24 de febrero) a bordo de los* UAZ *y el batallón de paracaidistas en los* BMD-2 *(ellos, me pareció, también eran pocos: una parte se había desviado en algún punto, y muchos de los blindados se habían averiado por el camino).*

Como supe más tarde, no teníamos que ir lejos, pero avanzábamos muy despacio. Ahora ya se veían casas, edificios, tiendas, gasolineras y almacenes. Estábamos atravesando el extrarradio. Apareció la señal del aeropuerto. Había muchos coches destrozados, se oían tiros de vez en cuando. Yo ya estaba cansado de la espera, del hambre, del frío; me caía de sueño, pero temía dormirme y que nos cogieran por sorpresa. Mi compañero también se estaba durmiendo. Mientras tanto, a nuestro alrededor se sucedían muchos lugares perfectos para una emboscada...

Poco a poco, conseguimos llegar al aeropuerto. Nuestro URAL *sin frenos se detuvo junto a la terminal. Los nuestros ya entraban y salían del edificio tranquilamente; dentro estaban acondicionando el puesto de mando. Al parecer, las cosas no iban mal del todo, habíamos cumplido nuestra misión. No recuerdo cómo, me quedé dormido...*

De pronto hubo un resplandor, mucho ajetreo, y alguien gritó: «¡En posición de combate!». Nuestro URAL *estaba en movimiento y se detuvo de repente. Saltamos de la parte de atrás sin entender nada. Una fuerte explosión iluminó todo alrededor. Vi los seis camiones de nuestra unidad de morteros, los* UAZ *de mi compañía al lado, otros vehículos algo más lejos. Un* KAMAZ *había explotado sobre la pista de despegue y aterrizaje; no pude ver cuántos vehículos estaban ardiendo, dos o tres. La gente se dispersa, algunos caen al suelo, alguien toma posiciones, varios vehículos se alejan de las llamas y de las explosiones, hay más explosiones. Veo el edificio de la terminal, desde dentro nos llega el sonido de ráfagas de ametralladora, y no entiendo nada. Pregunto a todo el que pasa por delante: «¿Qué está pasando?», pero nadie sabe nada. Las potentes explosiones se suceden, la metralla zumba y silba cortando el aire; con cada explosión, pongo cuerpo a tierra y luego vuelvo a incorporarme, y trato de averiguar desde dónde nos están atacando, quién, con qué y adónde dispara. El KAMAZ en llamas ilumina el enorme recinto del aeropuerto; va cargado de obuses, de modo que las detonaciones no paran de repetirse. El joven teniente, sin entender tampoco lo que está ocurriendo, nos da la orden: «¡Listos para disparar!». Colocamos las piezas, nos ponemos en posición.*

Estoy harto de ejecutar Burpees como acto reflejo ante cada explosión, de modo que me alejo unos cincuenta metros, me echo al suelo y me protejo la cabeza con mi fusil mientras lamento haber perdido el casco. El KAMAZ arde a unos doscientos metros de donde estoy, aunque los cascotes alcanzan más distancia, y algunos se clavan en la tierra, cerca de mí.

Me giro y veo a mi compañía en posición de cuerpo a tierra, distribuida a lo largo del perímetro alrededor. Me tiendo a su lado e intento averiguar qué está ocurriendo, pero nadie sabe nada. Diez minutos más tarde nos damos cuenta de que no ha sido una emboscada y que nadie nos está atacando. No se sabe cómo, varios camiones han sido destruidos y no está claro aún si hay muertos o heridos. Dos horas después, los vehículos incendiados se han reducido a cenizas y ya solo echan humo. Las explosiones han cesado, ya está amaneciendo.

Empezamos a cavar trincheras. Mi compañía ha dispuesto los UAZ en línea, con una distancia de unos cien metros entre vehículo y vehículo. Cada UAZ transporta a entre cuatro y cinco personas, cuarenta en total en la compañía, más unos diez conductores en dotación. Por ejemplo, uno de los conductores, del pelotón de los RPAS, fue designado como conductor cuando aún estaba en el campo de maniobras en Crimea, aunque había estudiado para operar drones y no había pedido ser conductor.

La fila de los UAZ; detrás, la pista de aterrizaje; tras ella, la terminal donde se ha establecido el puesto de mando; varios vehículos y equipamiento junto a la terminal: no hay nada más en mi campo de visión. Colocamos nuestros morteros en los surcos, delante del último UAZ de la fila. Le digo al teniente que es una locura cavar trincheras delante de la infantería de asalto, primero tendríamos que averiguar nuestra posición. Él sigue en sus trece, como un idiota, diciendo que le han comunicado que nuestra posición es esta. Justo ahí, además, están nuestros camiones con la munición. Si nos atacan ahora, se convertirán en fuegos artificiales, con nosotros al lado. El teniente, que está harto de oírme, me dice: «Ve a la terminal y díselo al mando». El resto de los tiradores, entre quejas, se ponen a abrir trincheras para los morteros. Me doy cuenta de que otra vez me estoy pasando de listo y cuestionando a mis superiores, así que decido callarme la boca y ponerme a cavar yo también. No me quedan fuerzas ya para discutir, y tampoco tengo otra opción.

La tierra es dura y arcillosa, nos quedamos cavando hasta las once de la mañana. Llega una orden para trasladar nuestros camiones a una zona boscosa detrás de la pista de aterrizaje. Los conductores suben a las cabinas, los seis vehículos se alejan y se detienen a unos doscientos cincuenta metros de allí. La franja de bosque se compone de árboles secos y pequeños; se supone que los camiones están camuflados, pero se podrán ver desde cualquier distancia: a finales de febrero los árboles no tienen hojas, y unos palos secos que no sobrepasan la altura de los camiones no podrán ocultarlos en absoluto. Pero al menos se han llevado los camiones lejos de nosotros.

Un coche aparece en el campo, a dos kilómetros de nuestra posición, y gira hacia el bosque. No sabemos de quién se trata, y disparamos un proyectil en su dirección para que no se acerque más. Varios UAZ salen en misión de reconocimiento para explorar los alrededores. Levantando una polvareda, el turismo se aleja a toda prisa.

Hacia el mediodía nos llega otra orden. Hay que desplazar los morteros para que estén más cerca de la estación meteorológica de la terminal. Como me temía, hemos estado cavando para nada. Mientras tanto, el mando llama a todos los tenientes para una reunión. Regresan alarmados, dicen que hay que tomar posiciones junto a los camiones, en la franja boscosa. Acarreamos allí los morteros, cargamos todo en los camiones. Son casi las dos de la tarde.

Se nos informa de que nuestra misión es defender el aeropuerto cueste lo que cueste. Según los datos de la inteligencia, unos veinte tanques y dos mil tropas de infantería con mercenarios en sus filas se acercan desde Nikoláyev. También se esperan bombardeos con los GRAD. La artillería pesada de largo alcance nos cubrirá desde lejos. Tenemos que camuflar los vehículos y atrincherarnos porque, si el enemigo se acerca demasiado, nuestra artillería puede alcanzarnos al disparar. Los morteros de calibre 82 mm no nos van a servir de nada, así que hemos de atrincherarnos junto a los camiones y actuar como infantería. «Los que no estén de acuerdo, que entreguen las armas. Crimea está en aquella dirección.»

Menuda mierda. Veo que los tenientes también están atónitos, aunque procuran mantener el tipo. Se nota que todos, por decirlo suavemente, están hartos. Uno dice, qué diablos hago aquí, otro intenta hacerse el valiente, y otro se pone a camuflar los vehículos sin rechistar, colocando palos secos encima del camión y formando una especie de techumbre, como si estuviera preparando una hoguera en un campamento. La franja boscosa, ya de por sí descampada, se despeja aún más a medida que se recogen las ramas para el camuflaje: ahora los seis vehículos se ven perfectamente desde lejos.

Una vez más, no puedo quedarme callado y digo que ese camuflaje es una chapuza, que tenemos que cavar trincheras cuanto antes y lo más lejos posible de los camiones, porque si estos explotan durante el combate, estamos todos muertos. El teniente propone un lugar a unos treinta metros de los vehículos, y todo el mundo se pone a discutir; al final, cada uno escoge un sitio a su gusto para atrincherarse. Yo también me atrinchero, no muy lejos de los vehículos, aunque soy consciente de que es un

*suicidio. Una prueba más de que lo que se aprende de maravilla
en las escuelas militares es a no pensar.*

*Lo único que saco en positivo es que los compañeros están
cerca: todos los mandos por encima de los jefes de compañía
están sentados en la terminal. Varias personas han ido allí para
traer toda el agua que han podido. Así, hemos calmado un poco
la sed. Los que han ido a la terminal nos cuentan que allí está el
mando al completo, tienen agua, el duty free ya ha sido saquea-
do. Me parece una injusticia: nosotros aquí no tenemos nada, y
los mandos están allí, en la terminal, sin que les falte agua, comida, alcohol y tabaco. El edificio de la terminal parece bastante
robusto, ofrece más posibilidades de sobrevivir. Pero, como se
suele decir, «fuimos a distintos colegios».*

*Hay que cavar trincheras, pero no me quedan fuerzas. Me
tumbo media hora, mirando sin más el precioso cielo azul. Estoy
pensando en volver con mi compañía y dejar la unidad de morteros. Por otro lado, en la dotación solo hay tres personas, una
de las cuales es, además, conductor: ¿y si en algún momento les
faltan manos? Decido quedarme con ellos: si fui a parar a su
unidad será por algo.*

*Me pongo de pie y decido revisar todas las posiciones. Las
nuestras son las que están más a la izquierda; delante, hacia la
derecha, está mi compañía, y más allá veo los UAZ del 4.º y
el 5.º Batallón de Asalto. Varios de sus vehículos no llegaron a
marcharse con el comandante del batallón. Aún más allá, en el
flanco derecho, tienen que estar los BMD del batallón de paracaidistas, pero no los veo: el recinto del aeropuerto es demasiado
grande para abarcarlo con la vista. El comandante al mando, la
dirección y los médicos están en la terminal. Mientras recorro
nuestras posiciones, compruebo que todo el mundo está igual de
agotado. Están cavando trincheras, han instalado los AGS, los
UTIOS y los PTUR[1] (nadie ha disparado uno de esos todavía
porque un misil vale quinientos mil rublos; estoy alucinando,*

1. Misil antitanque.

menudo negocio), colocan granadas, munición y RPG junto a las trincheras. Una cosa que no nos falta es munición. Si la administramos bien, podemos resistir hasta la mañana, a no ser que los tanques y los GRAD del enemigo nos alcancen disparando desde lejos antes de que llegue la infantería a rematar la faena.

Muy cerca, en un despliegue ridículo que deja expuestas nuestras posiciones, hay unos UAZ viejos e inútiles que no servirían ni de escudo contra la metralla. Había algo inusual en la mirada de los presentes: todos parecían ser y no ser ellos mismos. En tiempos de paz, ese tipo de expresión no se da. Quizá todos comprendíamos que podía ser el último día de nuestra vida. Llevado por la curiosidad y la lástima, me acerqué a los que habían dicho que tomaríamos Kiev en tres días: también ellos empezaban a entender algunas cosas. A pesar de todo, nadie iba a desertar: todos estaban cavando trincheras.

Sirviendo juntos, a menudo nos tomábamos el pelo, burlándonos de nuestra «profesionalidad», pero ahora los semblantes estaban serios y nos dirigíamos unos a otros diciendo «hermano». Me sentí orgulloso de cuantos me rodeaban. Y volví a pensar: hasta ahora hemos tenido suerte, pero ya no va a haber más suerte, tenemos que mentalizarnos. Nuestros predecesores, los paracaidistas de generaciones pasadas, lucharon hasta el final, ha llegado nuestro momento, ahora nos toca luchar también a nosotros.

Con esa idea fui aceptando paulatinamente la situación, y en mí volvió a despertar un viejo resentimiento. Nuestro entrenamiento era una farsa y nuestros equipos estaban totalmente obsoletos: los UAZ, los URAL, los BMD-2, los UTIOS y los AGS era lo que se usaba ¡cincuenta años atrás! En aquella época, por supuesto, eran unos equipos excelentes, pero había pasado medio siglo desde entonces. ¡Incluso nuestras tácticas de combate siguen siendo iguales que las de nuestros abuelos! Nosotros, un batallón de asalto aéreo, somos trasladados a la guerra a bordo de unos UAZ destartalados: muchos no tienen calefacción o la puerta no cierra bien, con rendijas del grosor de un dedo.

¿Cuándo se dará cuenta por fin la gente de que nos estamos destruyendo a nosotros mismos si nos limitamos a ensalzar nuestro armamento y nuestro Ejército, ignorando los problemas reales que tenemos delante de nuestras narices? La mitad de los hombres de Rusia han hecho el servicio militar. Esos tipos saben perfectamente cómo están las cosas en el Ejército, pero tras licenciarse y beberse unas copas se ponen a decir a gritos que saldremos victoriosos de cualquier contienda y que pueden repetirlo todas las veces que haga falta. A lo largo de los años, he conocido a muchos idiotas que se desgañitaban intentando convencerte de que tenemos ¡el Ejército mejor pertrechado del mundo! Un equipamiento creado hace cincuenta años no puede ser lo mejor, aunque solo sea por el paso del tiempo, del que no se salva nada, ni siquiera el armamento. Una cantidad enorme de vehículos ni siquiera pudo llegar al frente de guerra ¡cuando solo tenían que recorrer entre doscientos y trescientos kilómetros!

Mientras pensaba esto, me acerqué a un UAZ de mi compañía. La tripulación, después de cavar un rato, se había sentado a calentar unas raciones; uno de ellos había conseguido en algún sitio una botella de coñac. Ya estaba medio vacía y los cuatro tripulantes estaban visiblemente relajados. Me ofrecieron la botella y me senté con ellos. Sobre el capó del UAZ, habían colocado con gracia una boina azul.[1] Me fijé en la botella: era un buen coñac. El tipo que me la había ofrecido lanzó un brindis: «¡Por nuestros compañeros!». Choqué la botella contra los puños cerrados de los cuatro, uno por uno, y bebí un par de tragos. Una ola de calor me bajó por dentro, desde la boca hasta el estómago.

Encendí un cigarrillo y, sentado con ellos, me quedé examinando nuestras posiciones. Los tanques del enemigo destruirán estos UAZ desde lejos, vamos a tener que combatir desde las trincheras. Somos muy pocos los que estamos aquí. ¿Dónde

1. La boina reglamentaria de las VDV.

están nuestros tanques, los que vimos ayer? El resto de nuestras tropas probablemente habrán cercado la ciudad, mientras que a nosotros nos toca defender el aeropuerto.

Me relajé un poco, charlé con los demás sobre eso de que «los rusos no se rinden», en un intento de mentalizarnos para el combate. Es horrible que lo único que pueda ayudarte a sobrellevar una situación así sea el recuerdo de los actos heroicos de quienes murieron mucho tiempo atrás, en otras guerras. Toma una dosis de patriotismo, úsala en vez de un buen entrenamiento, suministros y tecnología moderna.

Ahora tenía que cavar una trinchera para mí. Al volver con mi unidad, vi que la mayoría ya había terminado de abrir trincheras superficiales para poder disparar desde allí, de modo que contábamos con una línea de trincheras separadas. Escogí un lugar junto a mi dotación y me puse a cavar.

Cuando terminé, rodeé la trinchera con granadas de mano y dejé una dentro del foso. Luego, me reuní con el resto de la dotación: calentamos las raciones y comimos hasta llenarnos. Si hay una cosa buena aquí, son nuestros paquetes de racionamiento. Hervimos agua y tomamos café.

A lo largo del día, desde algún lugar nos llegaba el ruido de disparos y de cañones. Vi varios misiles Pánzir lanzados desde detrás de la terminal para abatir drones.

Se había hecho de noche. Todavía anduve un rato por la posición para charlar con la gente. Un suboficial daguestaní, un tipo de mi edad, mostraba el tipo de actitud y de ánimo que más agradezco. Aunque estaba nervioso, ponía buena cara y le decía a todo el mundo a su alrededor que lograríamos vencer al enemigo, que «los ucranianos estaban jodidos», que resistiríamos hasta el final.

Hacia la medianoche, cansado de esperar la ofensiva enemiga, me dirigí a mi trinchera. Los compañeros me trajeron el mismo saco de dormir con el cierre roto; me envolví en él y me tendí boca arriba, abrazado a mi fusil, con la cabeza apoyada en la granada que había dejado dentro del foso.

Tumbado sobre la espalda, miraba el cielo. Era hermoso, había muchas estrellas y una cantidad inusualmente grande de satélites. La vida me pareció bella. Ya no me quedaban fuerzas para seguir analizando la situación a mi alrededor, así que decidí dejarme vencer por el sueño. Mientras me dormía, me mentalizaba para entrar en combate: no me echaría para atrás, pasara lo que pasara. Si todo iba mal y caía herido, antes de ser capturado, haría estallar la granada que tenía bajo la nuca.

«Señor, dame fuerzas para enfrentar con dignidad aquello que me depare el futuro. Nací en la 56.ª Brigada y a ella pertenezco.» Los diez años de una vida absolutamente distinta, cuando trabajé con caballos, me parecían algo irreal ahora, como si otra persona los hubiese vivido, en otro universo. No, no era yo; yo, el verdadero, estoy ahora aquí.

Esta era la clase de ideas que me daban vueltas en la cabeza. Ya mentalizado y absolutamente feliz por haber aceptado mi destino, empecé a desconectar... Todavía no me había dormido del todo cuando uno de los que patrullaban la posición se me acercó y dijo: «Pasha, no estás dormido aún, vamos a fumar». Se puso a contarme cosas de su familia, de su mujer y sus hijos... Estaba sentado en cuclillas a mi lado en total oscuridad; yo yacía de espaldas, envuelto en el saco y abrazado al fusil. Encendí, yo también, un cigarrillo y, consciente de que el otro necesitaba hablar con alguien, lo escuché, procurando prestar atención. Y después me dormí...

Crecí en una familia de militares. Mi padre sirvió en la 56.ª Brigada de Asalto Aéreo, la misma en la que posteriormente serviría yo, así que llevo toda la vida siendo testigo del colapso de las tropas de asalto aéreo.

Mi padre participó en la misión de paz de la ONU en Yugoslavia como parte del contingente de la Federación de Rusia y fue movilizado en la primera y la segunda guerra de Chechenia. Dedicó toda su vida, pagando con su salud, al servicio militar. Como buen patriota, creía sinceramente en las buenas intenciones de Rusia. Para cuando llegó la segunda guerra de Chechenia, había perdido un riñón, pero le daba vergüenza negarse a ir al frente, y volvió a combatir en Chechenia...

En 2017 murió de cáncer. En mi última conversación con él hablamos sobre si se arrepentía de algo. Íbamos en el coche, lo llevaba de vuelta a casa desde el hospital oncológico de Volgogrado a Kamishin. Entonces tenía cincuenta y dos años. La distancia de Volgogrado a Kamishin es de doscientos kilómetros. Estábamos a principios del mes de agosto; un mes antes, a mi padre le habían extirpado la vejiga y, como he mencionado, en 1999 había perdido un riñón. Pese a todo eso, él había seguido sirviendo como paracaidista en las VDV, participando en acciones de guerra y, por ejemplo, seguía siendo capaz de hacer treinta flexiones de brazos seguidas en la barra. Le habían diagnosticado cáncer dos meses antes de nuestro último viaje. Enfermó bruscamente, tuvieron que operarlo de urgencia, pero no hubo manera de conseguir ayuda del Ejército (podían haberlo enviado, por ejemplo, a la clínica Burdenko, uno de los mejores hospitales de Moscú), así que se tuvo que pagar una intervención quirúrgica en el hospital de Nizhni Nóvgorod. Todo lo que tenían que hacer en aquella ocasión en el hospital de Volgogrado era cambiar el tubo del catéter que conectaba su único riñón a una bolsa.

Recuerdo que estuvimos todo aquel día haciendo numerosas colas, en habitaciones mal ventiladas donde incluso una persona sana como yo se mareaba. Había una especie de panel de médicos que, por lo visto, tenía que decidir si someterlo a aquella intervención. Recuerdo a mi padre, un hombre fuerte y atlético tan solo unos meses atrás, sentado ahora, con el rostro demacrado, el cuerpo consumido, con un solo riñón y sin vejiga, frente a unos siete médicos. Presidía aquella comisión médica una mujer de unos treinta y cinco años que le iba formulando preguntas en un tono irritado y maleducado. En ese momento, miré a mi padre y me di cuenta de que se encontraba muy mal y que no entendía lo que le estaban diciendo, pero la doctora siguió haciendo preguntas, levantando cada vez más la voz. Y entonces perdí los nervios completamente y me puse a gritar: ¡¿Cómo podéis tratar así a una persona enferma?! ¡¿Por qué es todo tan injusto en este país?! Hay gente que sacrifica su salud y su vida, y toda la consideración que reciben es una cháchara propagandística en los canales de la televisión federal. ¿Cómo puede estar nuestra sociedad tan podrida que hasta los médicos se permiten comportarse de esta forma con sus pacientes?

Cuando terminé de gritar, fui a ver a la médica jefe. Recuerdo que irrumpí en su despacho y le dije: «Mi padre es militar jubilado y veterano de guerra. –Y añadí–: Si no aprueban ahora mismo el procedimiento que necesita, lo dejaré aquí mismo en el hospital hasta que se muera, y mientras tanto hablaré con la prensa, el FSB, la fiscalía, la Policía, con quien haga falta, pero mi padre se queda aquí». Para mi sorpresa, la médica jefe les dijo que hicieran todo lo que fuera necesario, y gratis. A lo mejor le dimos pena, a lo mejor se asustó, o quizá todavía quedan algunas personas con corazón dentro del sistema...

Así pues, después de pasar unos días en el hospital, llevé a mi padre de vuelta a casa y estuvimos hablando durante todo el tiempo que duró aquel viaje de doscientos kilómetros. En mi cabeza no paraba de sonar la canción «Cuéntame, padre, cuéntame» de la banda The Blue Beret. Escuchadla antes de seguir leyendo...

Sentía mucha pena por él, me daba rabia el desprecio que mostraba nuestro sistema podrido por un veterano de guerra. Por supuesto, cobraba una pensión, pero era pequeña, de unos quince mil rublos. Y no tenía reconocido ningún grado de discapacidad: habría tenido que recorrer en vida varios círculos del infierno para conseguirlo. Mi padre era un auténtico patriota, un paracaidista de la vieja guardia soviética, que lamentablemente ha dejado de existir. Hasta el final, incluso en aquel estado, siguió creyendo en la buena fe del Gobierno y en que este haría que las Fuerzas Armadas y el país entero fueran a mejor. En una ocasión, se negó a emigrar a Alemania dentro del programa de reasentamiento (mi tatarabuela era alemana; ella también fue exiliada a Siberia) porque tenía fe en Rusia y se consideraba a sí mismo ruso, a pesar de que a él, un militar jubilado de cincuenta y dos años, le fue denegada la asistencia médica dentro del sistema sanitario castrense, y tuvo que tratarse en hospitales civiles de pago. En aquel momento ya era, literalmente, un inválido, y no le importaba a nadie más que a su familia y a unos pocos viejos amigos. Me ponía rabioso pensar que, habiendo contraído todas aquellas dolencias mientras combatía por Rusia, no obtuviera más que una mísera pensión, y cuando había necesitado asistencia médica, el Estado simplemente lo había dejado tirado, lo mismo que a muchos otros que sacrificaron su salud y su vida no por los yates, los palacios y el lujo, sino por su país, por un futuro feliz y por un pueblo que ha sufrido largamente, un pueblo cuyos antepasados derrotaron al nazismo y nos dejaron en herencia este lema: «¡Cualquier cosa antes que la guerra!».[1]

Yo era consciente de que le quedaba muy poco tiempo de vida, pero me sentía furioso por su situación y por que fuera a dejarnos de forma tan prematura, a los cincuenta y dos años. Por eso, no me pude contener y le hablé de política, de las campañas chechenas, de la corrupción y la decadencia del Ejército. Le pregunté si no se arrepentía de haber arruinado su salud en aras de un Ejército que ni siquiera se hacía cargo de su tratamiento, mientras en cada esquina se oían proclamas sobre el resurgimiento de las Fuerzas Armadas rusas y sobre sus armas invencibles. Ya entonces no me creía esas patrañas, pues conocía bien la situación desde dentro.

En respuesta, mi padre objetó, diciendo que las cosas no estaban tan mal, que todo iba mejorando y que seguiría siendo así, que nuestro Ejército iba en la dirección correcta y que el presidente lo estaba haciendo todo bien...

Acabamos discutiendo y la última media hora del viaje fuimos en silencio. En aquella época yo trabajaba en Volgogrado, así que, después de llevar a mi padre a casa y dejarlo con mi madre y mi hermana, me marché. Tres semanas después, regresé para su entierro. El Estado le concedió, sin coste, una lápida, una parcela en el cementerio y unas salvas fúnebres en su honor... Ojalá no hubiera tenido aquella última conversación con él. Pero en mi interior, todavía sigo indignado por el hecho de que, en el Ejército, nada cambie a mejor. ¿Por qué nunca encuentran la solución a estos problemas?

1. Popular eslogan soviético.

28 DE FEBRERO

Durante la noche había oído explosiones y tiros, no sé de dónde provenían, yo dormía a pierna suelta. A veces me despertaba a causa del frío, pero volvía a dormirme enseguida. Me levanté al amanecer. Señor, qué bello es este mundo. Vuelvo a tener ganas de vivir.

Anduve un rato, hablé con mucha gente, me puse a calentar una ración. Decían que no nos habían atacado durante la noche porque nuestra artillería, desde lejos, había impedido que el enemigo se nos acercara. No conozco los detalles, todo eran rumores.

También corría el rumor de que nuestras tropas de reconocimiento habían encontrado al combat *y al jefe de morteros, junto con las dos compañías que se habían adelantado el 24 de febrero. No estaba claro si era verdad o si se trataba de un bulo.*

Al parecer, alguien disparó el cañón de un BMD *contra un vehículo civil que se había negado a detenerse. A bordo del coche viajaba una madre con sus hijos; solo sobrevivió uno de ellos, que se encontraba en la terminal. No soy de los que alimenta ilusiones acerca de la guerra: las víctimas civiles son y serán inevitables. Sin embargo, en casos como este uno se siente asqueado. Mientras nuestros respectivos Gobiernos se pelean entre ellos por sus intereses y los militares de ambos bandos no son más que meros instrumentos en sus manos, los civiles mueren, su vida habitual se viene abajo. En apariencia, todos tenemos una idea clara al respecto, pero cuando te paras a pensarlo, no sabes cómo actuar. ¿Dejarlo todo y abandonar? Si lo haces, serás considerado un cobarde y un traidor. Pero, por otro lado, seguir formando parte de ello significa ser cómplice de las muertes y el sufrimiento de las personas. Un dilema imposible de resolver.*

Una hora después veo que los UAZ de la 4.ª y 5.ª compañía empiezan a formar, tomando posiciones enfrente y a la izquierda de nuestra posición. La sensación de alegría me desborda: al parecer, no estamos tan mal. Mientras tanto, voy a saludar a algunos compañeros y a preguntarles dónde han estado y cómo les ha ido.

Voy de vehículo en vehículo, y me entero de que tuvieron que combatir para cruzar el puente, y luego se refugiaron en el bosque, a la espera de la columna principal. Estaban incomunicados. No voy a detallar todo lo que me contaron en ese momento, embargados por la emoción; de aquello, solo quienes estuvieron allí saben lo que es verdad y lo que no. Conseguí varios paquetes de tabaco y regresé animado a mi posición: por fin, una buena noticia. Junto al parapeto de la unidad de morteros vi al jefe, que acababa de regresar. Su aspecto, dicho sea de paso, había cambiado mucho, tal vez el nuestro también. Nos informan entonces de que hay que volver a cavar trincheras para los morteros.

Un par de horas después llegó la orden de parar y de prepararnos para el asalto a Jersón...

Tuve una sensación inexplicable, ya fuera por el cansancio que empezaba a dejarse notar otra vez, o porque no entendía la situación en general. Nadie sabía nada a ciencia cierta, no había nadie a quien preguntar, toda la información se proporcionaba en el último momento.

En principio, la misión de las VDV consiste en realizar una marcha rápida, hacerse fuertes ocupando un área y resistir hasta que llegue el grueso de las tropas. Las VDV no disponen de equipos o armamento potentes, no es la fuerza de choque principal. En todo el país, su número no supera los cuarenta mil efectivos, y una parte de los reclutas están acuartelados. ¿Dónde está nuestro Ejército? ¿Por qué en el aeropuerto solo se queda mi antigua compañía, la 6.ª Brigada de Asalto, mientras la 4.ª y la 5.ª, que acaban de volver del infierno, ya parten para asaltar Jersón? ¿Será posible que una compañía incompleta sea la que tenga que defender el aeropuerto en solitario?

En eso pensábamos mientras nos preparábamos para salir hacia Jersón. Sin embargo, no había nada que pensar: ninguno se iba a echar atrás.

Por la tarde, sobre las cinco, formamos una columna en la pista de aterrizaje. Nuestra unidad de morteros, con sus piezas y una pequeña reserva de proyectiles, tiene que embarcar en los UAZ de la 4.ª y la 5.ª compañías, que son unos treinta: nuestros camiones se quedan en el aeropuerto. Cargamos sobre la marcha los morteros y cada uno busca un sitio en los vehículos. Los UAZ están a rebosar, así que me quedo esperando a que llegue el último de la columna, que resulta ser el único que pertenece a mi antigua compañía, la 6.ª.

Me monto, la columna avanza. Somos seis a bordo del vehículo, que viaja atestado de munición, granadas, UTIOS y PTUR. Me cuesta encontrar acomodo. Viajamos con las armas a punto, vigilando el entorno y dispuestos a abrir fuego en cualquier momento. Salimos del aeropuerto. Por el camino van apareciendo lugares donde, al parecer, ha habido tiroteos. La columna avanza rápido, todo el mundo está en tensión. En dirección contraria, pasan a toda velocidad varios Tigres. Por lo visto, son los kadírovtsi,[1] nos saludamos con la mano.

Atravesamos los suburbios: naves, casas particulares, de vez en cuando vemos grupos de civiles cargados con bolsas que huyen de la ciudad.

Mientras viajamos, me esfuerzo por mantener el equilibrio dentro de la caja abierta del UAZ: vamos apretados, medio

---

1. Combatientes de unidades chechenas auspiciadas por Ramzán Kadírov, jefe de la República de Chechenia.

sentados y medio erguidos, apoyándonos sobre los lanzagranadas y la munición que están desparramados por el suelo. Voy pensando que así es como a veces muere alguien, al detonar por casualidad algún explosivo, y luego aparece en el parte la consabida fórmula de «cayó heroicamente en combate».

Oteo los alrededores a través de la mira del fusil. En caso de una emboscada, tendré que ingeniármelas para saltar del UAZ y escabullirme de aquella estrechez. Las balas perforan esa «palangana» con facilidad, y, además, vamos cargados de granadas y RPG, estamos, literalmente, en un polvorín.

El trayecto no duró mucho tiempo. Frente a la columna, avistamos un pequeño puente que cruzaba el lecho seco de un riachuelo cubierto por altas cañas. Habíamos llegado a la entrada de la ciudad. Más allá, comenzaba una zona de edificios altos. No perdía la esperanza de que no entráramos en la ciudad formando una columna pero, por lo visto, me equivocaba.

Sobre el puente, la columna se alinea y se queda quieta. Es un lugar ideal para una emboscada: ocupamos un camino estrecho, con cañas altas a ambos lados, casas particulares detrás, bloques de pisos delante y hacia la izquierda y una planta industrial hacia la derecha. No me cabe en la cabeza semejante estupidez... Montados en nuestros UAZ sin blindar, somos un blanco perfecto, sin contar que permanecemos parados durante unos veinte minutos, sin prácticamente espacio entre vehículo y vehículo. A nuestro alrededor circulan coches de civiles. Pronto empezará a oscurecer...

Finalmente, los vehículos que van a la cabeza empiezan a dar media vuelta sobre aquel camino angosto y vuelven lentamente. Resulta que nos hemos desviado. Es para echarse a llorar. En mi cabeza no paraba de preguntarme cómo es que no nos habían atacado todavía: o bien nos estaban llevando a una trampa o bien iban a entregar la ciudad.

Una de las dos compañías ocupó posiciones a la derecha del puente; la otra, a la izquierda. También los morteros se repartieron a ambos lados. A mí me tocó la posición a la izquierda.

Frente a nosotros, cruzaban a toda velocidad coches de civiles. Muchos de sus ocupantes nos filmaban con sus móviles. Una furgoneta Volkswagen pasó volando, y vi que iba cargada de hombres de complexión fuerte... Nadie daba la orden de bloquear el paso de vehículos por la carretera. Una moto pasó de largo a toda velocidad, mientras el conductor nos filmaba con una cámara GoPro en la mano...

Durante toda esa maniobra, mantuvimos una posición de defensa circular. A nuestra espalda, tan cerca que casi podemos tocarlas, teníamos unas viviendas particulares; delante, más allá del riachuelo cubierto de cañas, Jersón. A cada lado había aproximadamente unos quince UAZ reforzados con morteros de calibre 82 mm, más los UTIOS, los AGS y los PTUR a cargo de las compañías.

El ambiente está caldeado... Comienza a oscurecer rápidamente, se empiezan a oír tiroteos aislados en dirección a la ciudad. Nos ordenan que nos atrincheremos. Al parecer, ninguna de nuestras unidades ha entrado todavía en Jersón, pero me entero de que, desde distintos puntos, ha llegado el resto de las tropas de nuestra 7.ª División. Allí debe de estar nuestro batallón de paracaidistas. Cada unidad tiene su propia misión y el objetivo que debe cumplir. Se nos ordena que asaltemos el puerto. ¿Al final, realmente nos van a mandar que tomemos la ciudad en plena noche?

Delante del riachuelo hay un talud de tierra no muy grande; es una buena protección; sin embargo, a nuestra espalda, a tiro de piedra, están las casas particulares. No puedo evitar pensar que a un enemigo que conozca bien el terreno no le sería difícil rodearnos por detrás y caernos encima. La adrenalina me provoca una ligera excitación constante. No se sabe cuál es el plan. Como de costumbre, nadie sabe nada.

Aunque está oscuro, las luces de las viviendas permanecen apagadas. Por detrás, viniendo del sector de las casas, unos hombres se acercan en grupos, manifestando su descontento por nuestra presencia. Intentamos darles explicaciones de forma amable; nos tienen cierto miedo, aunque algunos se comportan de un modo muy desagradable. También nosotros estamos algo tensos, no está claro qué puede salir de todo aquello.

Sobre las once de la noche, a la derecha de nuestra posición, algo empieza a arder. Diez minutos después, a la izquierda, comienza otro incendio. Alguien ha prendido fuego a las cañas secas a ambos lados de la carretera. Es obvio que no ha sido una casualidad ni ha sido uno de los nuestros.

A causa del viento, el enorme fuego arrecia, iluminando, como si fuera de día, nuestra posición. El terreno a nuestro alrededor está iluminado y, a causa del fuego, no vemos lo que sucede en la oscuridad circundante. Todo el mundo está alerta, ocupando sus posiciones y vigilando atentamente el área.

Las cañas del riachuelo ardían cada vez con más fuerza. El fuego, alto y virulento, llegó a los árboles. Yo estaba apostado junto al talud. Varios de nuestros compañeros vigilaban el lado que daba a la ciudad, tumbados sobre el talud y a través de la riera, que era pasto de las llamas. Uno de ellos dijo que había visto a alguien allí y acto seguido gritó: «¡Alto o disparo!». Fui corriendo donde estaban y me tumbé, refugiándome tras el parapeto mientras apuntaba mi arma hacia el otro lado y escudriñaba la oscuridad. Casi todo el terreno circundante estaba ardiendo, aunque había áreas que todavía estaban a salvo del fuego. En uno de aquellos tramos, también yo divisé una silueta oscura. Al tiempo que apuntaba con el fusil, me puse a vociferar con el tono más aterrador del que fui capaz, más o menos lo que sigue: «¡Alto, hijo de puta, te voy a meter ahora mismo un balazo en la cabeza! ¡Manos arriba! ¡Ponte de rodillas y ven aquí! ¡Despacio! ¡De rodillas!». Los que estaban a mi lado empezaron a gritarle algo parecido.

El hombre tardó en reaccionar pero finalmente empezó a moverse hacia nosotros, trepando por el talud a gatas. Cuando hubo llegado lo suficientemente cerca, me incorporé a medias y lo agarré del cuello, para luego, de un tirón, pasarlo por *encima del parapeto y traerlo hasta nosotros. El tipo, enorme, se me cayó encima y me desplomé hasta abajo sobre las rodillas.*

Inmediatamente, me puse de pie y eché a correr cuesta arriba para volver a donde estaba el joven desconocido. Mientras trato de agarrarlo del cuello, veo que alguien a mi lado ya tiene a punto el fusil para asestarle un culatazo en la cabeza. Le grito: «¡No le pegues!». Pero el otro ya ha lanzado el golpe: salto hacia el chaval para evitarlo, pero la culata se desliza por mis manos extendidas y choca, con un ruido seco, contra su cabeza. No es que me diera pena ese tipo, sino que en aquel momento creí que sería interesante interrogarlo, no había necesidad de pegarle sin más cuando ni siquiera ofrecía resistencia.

El tipo empieza a gritar: «¡No me peguéis!». Viste ligero para el tiempo que hace, un pantalón y una sudadera de color negro. Le lío la sudadera en la cabeza, tapándole la vista, y lo maniatamos. Empiezo a registrarlo, no lleva nada salvo un mechero, y además, apesta a gasóleo. Intento acojonarlo, alternando los gritos con un tono tranquilo. Le preguntamos por qué ha prendido fuego a las cañas y quién se lo ha mandado hacer. Él responde que simplemente se dirigía a casa al tiempo que repite constantemente, asustado: «No me peguéis, por favor». Nadie volvió a pegarle. No puedo, por supuesto, responder por todo nuestro Ejército, pero en mi presencia nadie torturó a nadie y, menos todavía, cometió violaciones.

Lo ponemos de pie y lo conducimos, con la cabeza gacha envuelta en la sudadera, hacia el UAZ del mando. Allí ya hay varios hombres de civil tendidos en el suelo con las manos atadas con bridas.

Vuelvo a mi posición mientras intercambio impresiones con los otros compañeros. No me cabe duda de que ese chaval es el incendiario, estoy seguro de que no se había perdido, como nos dijo. En ese momento, veo que uno de los hombres que ha venido en el grupo de las viviendas está hablando, soltando improperios, con los nuestros. Me acerco a ellos con el fusil sobre el pecho. Nuestro suboficial daguestaní trata de explicarles, de buenas maneras, que no somos una amenaza para ellos, intentando convencerlos de que se dispersen y vuelvan a sus casas. Cinco minutos después, los hombres se marchan. Su actitud es hostil, empiezo a sospechar que probablemente se trate de militares del Ejército ucraniano vestidos de civil que se han acercado a nuestras posiciones para examinarlas de cerca.

A nuestro alrededor reina la oscuridad, iluminada por las llamas que lo queman todo. Se oyen disparos. La ansiedad y la excitación provocada por la adrenalina no remiten; el futuro inmediato es un misterio. Lo único que se puede sacar en claro de todo aquello es que el incendio ha sido provocado con el objetivo de señalar nuestra posición. Empiezo a sentir rabia hacia la población civil: entiendo que hemos llegado aquí sin que nadie nos invitara, pero por su propia seguridad deberían mantenerse lejos de nosotros. Por eso mismo me enfurece y me asombra su actitud: a pesar de que ya hemos detenido a unos cuantos, no paran de circular a nuestro alrededor.

Pero ¿qué diablos estamos haciendo aquí, al fin y al cabo? No es nuestra función hacer frente a los civiles. ¿Dónde está la Guardia Nacional? No somos la Policía ni OMON.[1] Estamos mentalizados para los choques con el Ejército de Ucrania, pero nadie tiene ganas de explicarles a los civiles «para qué mierda hemos venido». Ni siquiera nosotros lo sabemos, joder: las órdenes del mando siempre llegan en el último momento. Ya es tarde para reflexionar al respecto; cuando estás en la primera línea del frente, o matas tú primero o te matan a ti.

1. Fuerzas especiales de la Policía.

Para ofrecer una imagen completa, necesito explicar un poco más sobre mí. De 2007 a 2010, tras pasar por la escuela de sargentos de las unidades OVGO,[1] estuve contratado en Chechenia, en la 46.ª Brigada Autónoma, porque tenía mucho interés en conocer el servicio militar de verdad. Mi padre, que en algún momento me había recomendado ingresar en una academia militar, se opuso a mi decisión de ir a Chechenia e intentó disuadirme. Sin embargo, yo lo tenía decidido. Mi plan –genial, según creía entonces– consistía en hacer la mili y después ingresar en la academia militar fuera de concurso. Pese a que, en mi época en Chechenia, las cosas distaban de ser perfectas, ahora, doce años después, me doy cuenta de que entonces el servicio era mucho más serio que en años posteriores y que hoy en día.

Creyendo que trampearía el sistema, me licencié medio año antes de que se me acabara el contrato. En aquel entonces ya tenía el carné de veterano que me daba acceso a la academia, y había cumplido el servicio militar obligatorio. El año siguiente lo dediqué a prepararme para el ingreso, pasando distintos controles y reuniendo la documentación necesaria. Había acabado el bachillerato en 2005, cuando aún no existía el Examen Nacional Único, pero ahora ya era obligatorio para todo el mundo. Al tener el carné de veterano, me pedían la nota mínima. Incluso sin haber estudiado, alcancé la nota y aprobé el examen.

1. Unidades de protección de objetivos nacionales de importancia.

Cuando llegué a la academia militar de Sarátov, me enteré de que el certificado con la nota no había sido remitido a la academia, de modo que me negaron el ingreso. Después de andar de aquí para allá tratando de arreglarlo, de pasar por la fiscalía y no hallar ninguna solución, me juré no volver a entrar en tratos con ese sistema y ese Estado injusto. Lo que hice fue matricularme en la universidad a distancia para estudiar Historia, porque, al parecer, hay que tener una carrera. Lo cierto es que no se entiende para qué, pero como todo el mundo lo dice, es lo que hay que hacer.

Poco tiempo después, empecé a dedicarme a los caballos. Primero fui mozo de cuadra y, más tarde, asistente. Me formé en distintos sitios, adquirí experiencia, trabajé de domador, de instructor de equitación, de administrador en un criadero de caballos, hasta que volví a entrar en la órbita estatal y obtuve el cargo de especialista jefe de cría de caballos en el conocido Miratorg.[1] Al principio estaba muy contento trabajando allí porque me permitía ascender dentro de mi profesión: la compañía creció rápidamente gracias a la inversión estatal; empleaba a alrededor de trescientos vaqueros estadounidenses y australianos que compartían su inestimable experiencia con la plantilla local. Los activos de la empresa, es decir, la maquinaria, el ganado, los caballos y la tecnología, fueron adquiridos en Occidente por un dineral inimaginable. El negocio, al parecer, iba sobre ruedas hasta que, en 2017, nuestro Estado decidió volver a estar enfrentado con el mundo entero en respuesta a las sanciones impuestas, y rescindió los contratos de todos los estadounidenses empleados por Miratorg. Para justificar los despidos usaban pretextos ridículos: fotografiaban a los trabajadores extranjeros mientras tomaban cerveza en un bar y, con esa excusa, cancelaban los contratos. Viendo lo que ocurría, los empleados rusos se sentían avergonzados ante aquellas personas que habían compartido con ellos su preciada experiencia.

1. Holding agrícola-ganadero privado con participación estatal.

Al frustrar de esa manera tan burda la colaboración internacional, el Consejo de Administración planteó el objetivo de suplir la importación por la producción local sin tener en cuenta en absoluto que en Rusia ni se fabrican aparejos equinos como los que se fabrican en Occidente, ni se crían caballos de la raza Quarter Horse. Además, toda la tecnología de producción de carne vacuna veteada Black Angus depende de la crianza de vacas y caballos americanos. En Rusia hay muy buenas razas de caballos, herencia de la época soviética –que, por cierto, han empezado a extinguirse durante los treinta últimos años–, pero no se cría ninguna raza que sirva para el pastoreo del ganado vacuno. No hubo nada que hacer: se ordenó de forma perentoria, como en el Ejército: «¡Criadla!».

Cuando me puse a buscar talabarterías que fabricaran los aparejos necesarios, comprobé, con angustia, que en Rusia ni siquiera se fabricaba una pieza tan sencilla como el bocado, un simple hierro que se introduce en la boca del caballo para dirigirlo. Como me gustaba mi trabajo, intenté «hacer magia»: busqué caballos en el Cáucaso, para lo cual tenía un presupuesto de setenta y cinco mil rublos por animal (el precio más bajo del mercado). Con un presupuesto tan bajo, tuve que buscar mucho, hacer una cuidadosa selección y regatear, porque los caballos debían ser jóvenes y estar sanos. En las granjas de la empresa había un descontento generalizado entre los empleados por la falta de caballos y de aparejos, porque no podían hacer su trabajo como era debido. Cuando visitaba granjas recién inauguradas, contemplaba el estado lamentable en que se encontraban los animales. Los trabajadores manifestaban su descontento por la situación; no obstante, se seguían abriendo nuevas granjas, una tras otra, por mandato del Consejo de Administración. No les interesaba la realidad de la situación, lo único que importaba era cumplir con los planes de expansión y reflejarlo en las memorias. Mi trabajo consistía en controlar y tranquilizar a los trabajadores por todos los medios posibles, aunque fuera con falsas promesas. Había que cumplir con el plan, sin importar cómo. Si me hubiera negado a hacerlo, habrían encontrado a otro más sumiso: para la empresa, las personas eran un mero instrumento.

Todo el mundo en la compañía sabía que el propietario real era Medvédev.[1] Su esposa formaba parte del Consejo de Administración, mientras que los hermanos Línnik solo eran los jefes nominales. En la práctica, Miratorg se había convertido en un monopolio en las regiones de Briansk, Oriol, Kaluga, Smolensk y Kaliningrado. Al tratar con mis superiores, entre los que también se daba una rotación constante, oí decir en repetidas ocasiones que habían metido tanto dinero en la compañía que no había plazos de amortización: la empresa seguía existiendo únicamente gracias a las subvenciones estatales.

En 2018 hubo otra sorpresa: a causa de las sanciones extranjeras, impuestas a los miembros del Consejo de Administración, a todos los técnicos de primera que vivían en régimen de alquiler se les revocó la compensación correspondiente, saltándose a la brava lo estipulado en sus contratos. Unos trataron de defender sus derechos, algunos emprendieron la vía judicial, y yo decidí dimitir, consciente de que llevaba todas las de perder. No me pagaban lo que habían prometido al contratarme, y ahora me dejaban sin medios para pagar el alquiler de mi vivienda.

Exasperado por haber tenido que tratar una vez más con el Estado, pensé que tal vez Rusia no era mi lugar. Decidí probar suerte en el extranjero, para ver, en general, qué tal me iba. Un mes después de dejar la empresa, se me presentó la oportunidad de ir a Baviera en un viaje de intercambio de experiencias profesionales del sector equino. Estaba emocionado ante la posibilidad de realizar mi primer viaje fuera de Rusia. Había oído hablar mucho sobre el extranjero, pero las historias eran contradictorias. Había quien hablaba con entusiasmo de esos otros países, mientras que los medios de comunicación rusos se esforzaban por lavar el cerebro a la audiencia, afirmando que ahí

---

1. Dmitri Medvédev, antiguo presidente de la Federación de Rusia.

fuera no había más que propaganda gay, que a los niños se les cambiaba de sexo a la fuerza, que todo era un horror y que no había nada que hacer allí. Siempre he pensado, sin embargo, que uno debe ver las cosas por sí mismo y sacar sus propias conclusiones.

Una vez en Baviera, me sentí cautivado por lo ordenado y hermoso que era todo allí. La gente en general tenía un aspecto muy saludable; había gran cantidad de jubilados que disfrutaban de la vida; había caballos por todas partes, no eran algo lujoso al alcance de unos pocos, y muchos alemanes sabían tratarlos. También me sorprendió que yo, todo un profesional de lo mío en Rusia, me sintiera en Alemania como un simple aprendiz...

Sinceramente, me entraron ganas de quedarme allí, aunque no tenía forma legal de hacerlo, ni tampoco disponía de los medios económicos necesarios, por supuesto. Tuve que volver a Rusia, donde no terminaba de encontrar mi lugar: tenía la sensación de que yo no hacía falta en mi país, y tomé la firme decisión de emigrar. Australia y Canadá, por mi oficio, eran los destinos que más me convenían. Empecé a prepararme; estudié inglés. Pero entonces llegó 2019, comenzó la pandemia, las fronteras se cerraron y tuve que resignarme ante aquella situación.

Fui dando tumbos, sin mucho éxito, en trabajos relacionados con caballos aquí y allá, mientras los sueldos en el sector, ya de por sí precarios, seguían bajando. Así fue como, a principios del 2021, tomé la decisión de volver al Ejército. Los años iban pasando y, a mis treinta y tres, ni siquiera tenía vivienda propia: necesitaba ganar dinero.

El 18 de agosto de 2021 firmé un nuevo contrato con el Ejército. Al principio quise unirme a la 56.ª Brigada de Asalto Aéreo acuartelada en Kamishin, donde había pasado mi infancia y donde había servido mi padre. Pero como ya he explicado, los peces gordos del ministerio habían decidido disolverla, reduciéndola a un batallón, que fue trasladado a Feodosia. Como varios años antes ya se había creado el 181.º Batallón de Asalto Aéreo, resolvieron tomarlo como base para la creación del 56.° Regimiento, integrado por dos batallones. Yo en principio quería entrar en la 56.ª Brigada, aunque fuera en Feodosia: puesto que volvía al Ejército, quería que fuera allí donde me había criado.

Para hacer efectiva la firma del contrato tuve que superar varios obstáculos, pero finalmente me llegó la prescripción de personarme en mi destino. Así, el 18 de agosto de 2021 me desplacé a Feodosia para incorporarme en el 181.° Batallón de Asalto Aéreo y más tarde, a partir del 1 de diciembre, entrar a formar parte del 56.° Regimiento.

1 DE MARZO, NOCHE

Ya eran alrededor de las dos de la madrugada. Hacía mucho frío, las temperaturas se habían desplomado hasta bajar de los cero grados. Un fuerte viento calaba hasta los huesos. Algunos habían intentado dormir por turnos. Varios compañeros y yo dábamos vueltas patrullando la posición: si te movías sin parar tenías menos frío.

A veces, a lo lejos, veíamos a alguien lanzar cócteles molotov para avivar el incendio que rodeaba nuestra posición. En un momento, nos llegó el aviso de que habían encontrado un chat de Telegram en el teléfono de uno de los detenidos, donde compartían información, fotos y vídeos sobre cuántas tropas rusas, dónde y cuándo se habían avistado. Es decir, nos estaban haciendo un seguimiento online, con una nutrida participación de la población civil. Evidentemente, aquello no contribuyó a levantarnos el ánimo, el ambiente estaba muy enrarecido, no teníamos nada que comer, habíamos salido en misión sin sacos de dormir ni paquetes de racionamiento.

Mientras recorro la zona donde se han atrincherado los nuestros para vigilar la ciudad, oigo a alguien gritar que ha visto a una persona en una zanja. Allí mismo, en distintos puntos, el fuego arrecia. Salto a la trinchera mientras el que ha gritado se pone a vociferar, dirigiéndose a alguien al otro lado del parapeto: «¡Levanta las manos!». Veo una silueta y también me pongo a chillar, apuntando con el arma al recién llegado. Me doy cuenta de que, si esa sombra intenta hacer algún movimiento raro, le disparé sin dilación porque ya tengo los nervios al límite. La persona se arrastra de rodillas hacia nosotros, resulta que es una mujer. La agarro del cuello y de un tirón la traigo a nuestro lado del parapeto. No va vestida acorde con el clima.

La mujer está aterrorizada y habla atropelladamente, mezclando palabras rusas con ucraniano, que no entiendo. La agarro del brazo, como si tuviéramos una cita, y la conduzco hacia el UAZ del mando. En ese momento llega un compañero y la coge del otro brazo. Intentamos consolarla mientras caminamos despacio. Tiene un ataque de histeria y llora a moco tendido. Nos explica que estaba buscando a su marido en aquella zanja envuelta en llamas y que se había escondido porque nos tenía miedo. Menuda chorrada. Le digo que saque lo que lleve en los bolsillos. Saca rápidamente el teléfono y nos dice algo así como: «¡Llevaos todo lo que queráis!». Le pido que desbloquee el Smartphone, ella introduce la clave y me entrega el aparato. Consulto el Messenger. Casi todos los últimos mensajes son de tipo: «¿dónde estás?», «estoy en tal sitio», «aquí hay militares por todas partes», «aquí (viene la localización) también hay militares». Hay muchos mensajes en ucraniano que no entiendo, pero no quiero seguir leyendo y le devuelvo el teléfono. Vuelvo a sentirme asqueado a causa de toda esta mierda. La consolamos como podemos, la llevamos donde el mando y la dejamos allí.

Mientras tanto, desde el otro lado del arroyo seco, se oyó un grito: «¡Viva Ucrania!». Alguien disparó desde allí hacia alguna parte, pero como estaba lejos y la visibilidad era nula, no respondimos. Hacía mucho frío. Nos caíamos del cansancio.

Al cabo de una media hora, la mujer pasó a nuestro lado en dirección a las viviendas; nos dijo que la habían dejado marchar a casa. Al fondo de la calle, a unos doscientos metros, se acercó un grupo de hombres. La mujer se unió a ellos y el grupo desapareció tras un cruce que había detrás de nuestra posición. Me disgustó que el mando dejara libre a aquella mujer, y así se lo dije *al comandante cuando lo vi. Tampoco me parecía bien retenerla como prisionera, pero era evidente que ninguna mujer en su sano juicio habría reptado en la oscuridad frente a una posición militar, sobre todo, en medio de un incendio. No me podía explicar qué habría estado haciendo allí.*

Hacia las tres de la madrugada ya no puedo resistir más el sueño. Me cercioro de que quede alguien vigilando, y me acuesto al pie de un árbol, junto a un tubo de cemento. Hay un chaval joven de la unidad de morteros tumbado detrás del tubo, protegiéndose del viento. Tirita sin parar, le castañean los dientes y se queja de que tiene mucho frío. Yo también tengo el frío metido hasta los huesos, de modo que me levanto y voy a ver si encuentro un saco de dormir. No hay sacos para todos, y nadie ha dejado el suyo en el aeropuerto; todo el mundo ha preferido desprenderse del resto de sus pertenencias antes que quedarse sin saco. Recorro nuestra posición, pero no encuentro ninguno disponible; quienes tienen uno no quieren compartirlo. Mientras dos duermen, uno monta guardia: es la manera de descansar mientras todavía sea posible. Algunos recogen cartones y harapos por ahí, para protegerse contra el frío cuando se vayan a dormir, fuera de su turno de vigilancia.

Después de buscar un buen rato, encontré una especie de manteles. Me había acercado a las viviendas situadas a unos diez metros de nuestra posición, y me fijé en una, que parecía abandonada. Abrí la verja y me introduje en el patio delantero, completamente a oscuras. La casa abandonada compartía patio con otra, una casa en buen estado que, claramente, estaba habitada. Con sumo cuidado, entré en la casa medio derruida, pero allí no había nada que me pudiera servir. Miré hacia la casa habitada de al lado, y estuve tentado de entrar. Tal vez allí hubiera gente a la que pedir prestada alguna manta o algo para taparme. Y si no había nadie, simplemente podía entrar y coger algo que me sirviera de abrigo...

Pero enseguida rechacé esta idea. Si allí había gente, sobre todo si había niños, mi visita nocturna los podría asustar muchísimo, y entonces su reacción sería imprevisible. No le desearía a nadie lo que estaba ocurriendo delante de su propia casa.

Salgo del patio con los manteles que he encontrado, entorno la verja con cuidado tras de mí y me dirijo hacia el tubo de cemento donde intenta dormir, castañeando los dientes, mi joven compañero. Estoy asqueado de lo que sucede a mi alrededor. Nos limitamos a intentar sobrevivir como bestias. No hace falta que venga el enemigo: el mando nos tiene en peores condiciones que a los sin techo. Algunos, desesperados, dicen que ya no aguantaban más el frío y que van a entrar en alguna casa por la ventana, aunque nadie llega a hacerlo.

Desplegué uno de los manteles en el suelo; nos tendimos encima, apretándonos el uno contra el otro para, de alguna manera, entrar en calor. Nos tapamos con el otro mantel, que, aunque no daba calor, nos protegía algo del viento. Medio dormidos, nos levantamos media hora más tarde, aún más congelados que antes de acostarnos, y nos pusimos a caminar en círculos. No es que fuera muy reconfortante, pero dormir con aquel frío era realmente imposible.

De esa manera «dormimos» casi todos los que no teníamos saco. La noche anterior, el mando había prohibido hacer fuego y había ordenado apagar los motores de los vehículos, de modo que en su interior no hacía menos frío que en el exterior. Además, los treinta UAZ que teníamos eran insuficientes para albergar a entre ciento cincuenta y doscientas personas. Lo cierto es que no tenía mucho sentido apagar los motores, porque en aquella ciudad ya no quedaba nadie que no supiera dónde nos encontrábamos y cuántos éramos, al margen de que, frente a nuestra posición, las llamas del incendio nos iluminaban en la oscuridad.

Hacia las cuatro de la madrugada me fijé en que habían encendido el motor del UAZ del mando, para poner la calefacción. Los UAZ en los que aún funcionaba la calefacción siguieron su ejemplo. Ya les daba todo igual: el frío y el cansancio se habían impuesto sobre la seguridad. Así que recogí algo de leña e hice un fuego al pie del árbol, junto a la tubería de cemento. Un oficial me empezó a decir que estaba prohibido hacer fuego, pero a mí me importaba ya un pimiento lo que aquel mando me dijera. Era absurdo: todo alrededor estaba en llamas. Los compañeros se acercaron y estuvimos calentándonos al fuego por turnos. Al final, incluso el oficial tocapelotas acabó arrimándose...

Así fue como amanecimos.

Tras reincorporarme al Ejército, llegué contento a Feodosia, pero muy pronto mi optimismo empezó a decaer debido a lo que ocurría en la unidad.

Nada más cruzar el puesto de control a la entrada del cuartel, con el comprobante de que había sido contratado, apareció ante mí la maravillosa vista de mi nueva casa. Detrás del puesto de control había una pequeña plaza de armas llena de baches, con el suelo de hormigón cubierto de rajas. Un poco más allá, había un par de viejos y ruinosos barracones de dos plantas, un vetusto comedor y una pequeña cancha para prácticas de paracaidismo. Mientras cruzaba por la plaza de armas en dirección al departamento de personal, situado en uno de los barracones, me crucé con una pareja de perritos callejeros que estaban copulando: las buenas de las cocineras les echaban los restos de la comida regularmente, de modo que allí merodeaba toda una jauría.

Entregué mi documentación en el departamento de personal, donde me dijeron que el mando estaba ausente en aquel momento, pero que podía incorporarme ya al servicio. Mi compañía se alojaba en la primera planta del mismo barracón, así que fui allí. Conocí a varios *kontráktnik*, que me contaron que los *kontráktnik* no podían alojarse en el barracón porque la mitad de la compañía eran reclutas y, al parecer, no había camas libres, aunque tampoco las había en el hostal (al principio me lo contaron y luego yo mismo confirmé que el hostal era un auténtico cuchitril). Me recomendaron acudir al barracón de al lado, así que fui allí y le expuse el problema al comandante; él me contó que en la

primera planta estaba la sala donde se alojaba la dotación de la
batería de morteros, que en ese momento estaba en el campo de
maniobras, pero que acababan de llegar los de la unidad de reconocimiento de la 56.ª compañía, que habían traído unos equipos
(había comenzado la reforma de la compañía y estaban trasladando una parte de sus equipos). Entonces fui donde ellos y me
presenté. Eran mis paisanos, unos tíos estupendos, y me dijeron
que tenían una cama libre. Fenomenal, pensé; lo importante en
aquel momento era encontrar un lugar provisional, y pronto las
cosas se arreglarían: detrás de la valla del cuartel, desde comien-
zos del año, estaban construyendo unos barracones nuevos. Un
año más tarde, todavía seguían construyendo. Pero me estoy
adelantando a los acontecimientos.

Mientras charlamos, los exploradores me hacen preguntas,
no entienden para qué he firmado un contrato. Les hablo de la
estabilidad económica, de las hipotecas y ellos, en respuesta, se
llevan un dedo a la sien. De acuerdo, pienso, cada uno a lo suyo.

Durante unos diez días deambulo por el cuartel, tratando de
conseguir que me provean del uniforme... Me quedan quince
mil rublos en el bolsillo, el servicio del comedor es malo: a veces
la comida no alcanza para todos, otras veces la patata en la sopa
está a medio cocer, o no queda más pan... Voy conociendo a mis
compañeros de fatigas que, al igual que yo, han firmado un contrato y han sido abandonados a su suerte... Lavarse es un problema: las duchas no funcionan. Cada dos por tres cortan el
agua, por lo que tienen que cerrar las letrinas con llave... Pasados
los diez días, me proporcionan el uniforme –solo el de verano, de
color arena y caqui–, pero no tienen botas de mi talla, de modo
que, para empezar por fin a «servir» en vez de holgazanear por
ahí, me compro un par de botas...

Al acudir a la formación de la mañana, ya con el uniforme
puesto, y creyendo que ahora empezará lo realmente interesante,
me quedé horrorizado al ver aquel espectáculo indescriptible.
En la plaza de armas ondeaban dos banderas hechas trizas: la de
las VDV y la de Rusia. Por un altavoz sonaba, triste, el himno

nacional; la mitad de los presentes ni lo cantaba. A mí, que había servido en la 46.ª Brigada Autónoma en Chechenia, que había vivido hasta los quince años en el cuartel de la 56.ª Brigada de Asalto Aéreo y que había acompañado a mi padre muchas veces al campo de maniobras, lo que estaba viendo en ese momento me parecía un hatajo de personas disfrazadas con el uniforme militar...

Después de la revista matutina, a la que se presentó, por fin, el jefe de mi compañía, este nos llevó con él a los recién llegados a clasificar la basura que se encontraba bajo llave en un contenedor. Era una mezcla de piezas de recambio y andrajos que había que anotar en un registro de cara a una próxima inspección. Para esta tarea, se llevó con él ni más ni menos que a diez personas, saltándose la formalidad de conocer a los nuevos, que éramos cinco en aquel grupo. Finalmente, diez personas nos dedicamos a llevar la basura de un lugar a otro durante varias horas. Recuerdo que daba incluso asco coger aquello con las manos. Entonces pensé que seguro que después las cosas serían diferentes. Me acordaba de cuando había hecho el servicio militar obligatorio, en el año 2007: durante los primeros meses de instrucción básica, teníamos clases diarias, desde la mañana hasta la hora de comer, de teoría y táctica, aparte del entrenamiento físico. Yo pensaba, iluso de mí, que desde entonces, después de tantos años y reformas, las cosas seguramente habrían mejorado.

Tras varios días sin incidentes de relevancia, el jefe de la compañía se dignó, por fin, a conocer a los nuevos, en un acto que tuvo lugar tras la revista de las seis de la tarde. En realidad lo que ocurrió aquel día fue que yo mostré públicamente mi desagrado por la indiferencia del jefe, y un recluta se chivó a este de que los nuevos *kontráktnik* estaban descontentos. Entonces el jefe organizó un acto formal de presentación delante de la formación y fue acercándose a cada uno de los nuevos: le decíamos nuestro rango, el apellido, el estado civil y la ciudad de origen. Cuando me tocó a mí presentarme, le dije que era de Kamishin.

Me miró de arriba abajo y me preguntó: «¿Y para qué mierda
has venido?».

Pensé que no valía la pena enemistarme con el mando, así que
intenté responder con una broma. Aunque el jefe y yo éramos de
la misma quinta –ambos teníamos treinta y tres años–, él apa-
rentaba bastante más edad que yo; tenía sobrepeso y una mirada
astuta.

Transcurrió una semana más sin que pasara nada interesante.
Solo nos movimos para ir al parque de vehículos donde estaban
los UAZ de nuestra compañía, a arrancar unas malas hierbas...
Fui sin rechistar, pensando que lo mejor era no hacerse notar.

En un momento, el joven comisario político de nuestra compañía nos dio una clase de táctica por iniciativa propia, a pesar
de que el mando seguía intentando enviar al personal a hacer la
tarea inútil de turno, guiándose por el principio de «sea como
sea, tiene que parecer que están ocupados».

Al día siguiente vamos al campo de tiro. Nos levantamos a las
cinco, formamos durante tres horas, a la espera de los KAMAZ,
y por fin partimos. Llegamos a las 12.00, volvemos a formar,
esperamos. El mando está disconforme con uno de los documentos: rompe la hoja y se la tira, delante de toda la formación, al
comisario político. Luego se pone a gritar, histérico, diciendo
que por su culpa no habrá ejercicios de tiro. La formación permanece quieta, mirando con desagrado a ese comandante histérico y solidarizándose con el joven teniente, al que le sabotean
cualquier iniciativa y le quitan las ganas de unirse al Ejército.
Finalmente, el ejercicio comienza a la una de la tarde, con temperaturas de cincuenta grados y sin agua. El plan inicial era volver
a los barracones antes de comer, y ahora resulta que tenemos
que pasar allí todo el día y, además, hacer ejercicios nocturnos.
Regresamos a la una de la madrugada, deshidratados y alimen-
tados con una ración individual compartida entre tres o cuatro
tíos. Y que no intenten convencerme de que aquello nos curte y
nos hace más fuertes. La falta de sueño, comida y agua no es
buena para la salud de nadie. El mismo reglamento obliga a

cuidar de la salud porque del buen estado de esta depende la capacidad defensiva del país. Aquel despropósito no contribuyó en absoluto al entrenamiento del cuerpo sino que fue un auténtico acto de sabotaje.

La mayoría de las veces, los *kontráktnik* hacen oídos sordos a las órdenes de hacer limpieza, así que son los reclutas quienes se ven obligados a arrancar las malas hierbas y realizar otras tareas sin sentido. Por eso los reclutas presentan un aspecto desastrado y, aparte de que el uniforme que les proporcionan es de segunda mano o incluso, directamente, está roto... Nada que ver con cómo eran las cosas en la 56.ª Brigada en el período comprendido entre 1993 y 2007.

A mediados de septiembre encuentro una habitación en el hostal por doce mil rublos al mes: la temporada turística ha acabado y es posible alquilar una habitación a un precio asequible, hasta que, a partir de mayo y hasta septiembre del siguiente año, vuelva a costar el doble o el triple.

Comenzamos la instrucción para obtener la licencia para saltar con paracaídas. Después de tres semanas de ejercicios, conseguimos la licencia y nos quedamos a la espera de ir a saltar. Durante todo el mes de octubre nos van prometiendo que pronto saltaremos pero seguimos igual.

Ordenan a todo el personal a ponerse obligatoriamente las dos dosis de la vacuna contra la COVID-19 porque, entre los componentes del batallón, se han diagnosticado varios casos de contagio. Accedo a vacunarme para no provocar el enfado del mando. Cuando pasé la COVID-19, fui asintomático; ahora, tras recibir la primera dosis de la vacuna, me quedo en cama durante tres días con fiebre. En consecuencia, tomo la decisión de que por nada del mundo permitiré que me pongan la segunda dosis. Un mes después, milagrosamente, todos los análisis salen negativos, a pesar de que muchos se han negado a vacunarse. Increíble.

A mediados de octubre, empiezan a proporcionarnos uniformes de entretiempo y de invierno, aunque gastados y de tallas inadecuadas. Me niego a aceptar un uniforme gastado de una talla distinta a la mía y, en consecuencia, se estropea aún más mi relación conflictiva con el mando: allí los rebeldes no son bienvenidos. Después de una discusión con el jefe de compañía, voy y me compro una zamarra. Él se venga, enviándome a hacer guardias cada dos días.

1 DE MARZO, POR LA MAÑANA

A partir de las cinco de la madrugada ya nadie estaba durmiendo. El combat hizo reunirse la 4.ª y la 5.ª compañía y, con los efectivos casi al completo, partieron en una marcha a pie en dirección a la ciudad. Los tiradores de morteros nos quedamos en nuestra posición con la misión de cubrir con fuego, en caso de necesidad, su marcha. Algunos pelotones y conductores se quedaron con nosotros.

Al cabo de una hora las dos compañías regresaron y nos contaron que, al otro lado, había trincheras con los cócteles molotov a punto: nos habían estado esperando durante la noche. Si entonces hubiéramos entrado formando una columna, habríamos pasado calor en vez de frío.

Encontré un UAZ con calefacción y me metí. Dentro había dos personas. Mientras iba entrando en calor, hablé con el conductor. Paulatinamente, empecé a sentir dolor en las piernas. Al remangarme los pantalones, vi que tenía las rodillas y las espinillas cubiertas de hematomas e hinchazones, como resultado de la caída que había sufrido al tirar de aquel tipo enorme, el incendiario. Doy las gracias a la Patria por haberme proporcionado un par de rodilleras.

Mientras me masajeaba las rodillas hinchadas, masculé con nostalgia que me apetecía mucho tomarme una cerveza. Cuando tenemos cansancio acumulado, sed, hambre, frío, falta de sueño y de descanso, nos damos cuenta de lo poco que valoramos *ciertas cosas de la vida normal. Me puse a imaginar cómo disfrutaría tomándome una cerveza fría y se lo expliqué al conductor, con todo el lujo de detalles.*

Él me escuchaba con expresión seria. Cuando yo llevaba un rato contándole mi fantasía cervecera, el conductor fue a hurgar debajo del asiento trasero y sacó de allí dos cervezas. Me ofreció una, diciendo que eran las últimas que le quedaban, pero que, al oírme hablar, había querido compartirlas conmigo porque nadie podía saber lo que nos aguardaba más adelante. No me podía creer mi buena suerte. Sin prisa, apuré la botella hasta el final: un placer indescriptible. Me sentí algo mejor: la sensación de fatiga se había mitigado, los músculos se me habían relajado ligeramente. Jamás antes había disfrutado tanto tomándome una cerveza.

Llegó la orden de que las compañías volvieran a formar, y partieron otra vez hacia la ciudad sin haber descansado tras la salida anterior, mientras los de los morteros nos quedábamos allí, junto con algunos pelotones. Aquellas piezas de artillería, con un alcance de tres kilómetros, me importaban una puta mierda, y una vez más pensé que sería más útil haberme marchado con las compañías.

A lo lejos, la ciudad aparecía lúgubre y gris. Al frío se le añadió la aguanieve. Empezó a oírse un tiroteo en la dirección en que habían marchado los nuestros. La intensidad de los disparos fue en aumento; habían comenzado a estallar los proyectiles disparados con lanzagranadas. A través de la radio del KShM del mando nos enteramos de que había habido un choque con el enemigo. Varios Tigres salieron a la carretera y procedieron a disparar ráfagas cortas contra los tejados de los bloques de viviendas: teníamos información de que allí podía haber francotiradores. El combate se fue recrudeciendo, empezaron a decir que había heridos. Todo el mundo estaba en estado de alarma, a algunos se los veía muy nerviosos.

Me sentí mal por estar allí mientras se libraba una batalla. Si bien no tenía ningún deseo de matar «a cuantos más "nazis", mejor», *me sentía incómodo por no estar en el lugar del comba-te. Por cómo sonaba el tiroteo y por el número de explosiones que se oían dentro de la ciudad, estaba claro que aquello era un infierno. Se oían tiros en otras direcciones, es decir, nuestras tro-pas estaban penetrando al mismo tiempo en distintas partes de la ciudad.*

Nos informaron por radio de que dos Tigres de los spetsnaz estaban a punto para evacuar a los heridos: era un aviso para que no les disparáramos, tomándolos por enemigo. Poco tiempo después, pasaron de largo a toda velocidad, rumbo al aeropuerto.

Se procedió a formar una tripulación para evacuar al resto de nuestros heridos hasta el aeropuerto. Necesitaban a dos volunta-rios: uno para conducir el UAZ y el otro para hacerse cargo de la ametralladora UTIOS que iba en el camión. Encontraron a un conductor, y yo me ofrecí como tirador de UTIOS, aunque solo la había disparado una vez en toda mi vida. Estaba ligeramente ansioso a causa del frío y la adrenalina, de manera que necesita-ba entrar en acción, no quedarme al margen.

Al cabo de media hora se abortó la misión: habían evacuado a los heridos en otros vehículos. Decían que solo había habido dos heridos, algo que no me cuadraba, dada la intensidad y la duración del combate. En varias ocasiones nos comunicaron las coordenadas para apuntar los morteros y nos ordenaron prepa-rarnos para disparar, pero al poco tiempo se retiraba la orden.

Los observadores repararon en cierto movimiento dentro del cañaveral del arroyo seco. Al parecer habían visto a una mujer. El jefe de los morteros y yo nos dirigimos allí, haciendo carreras cortas, con los fusiles a punto para abrir fuego. En medio del cañaveral, hallamos a una señora de unos cincuenta años. Le registramos el bolso, la identificamos y la acompaña-mos hasta nuestra posición. Trabajaba en la empresa de sumi-nistro de aguas; cuando había empezado el tiroteo, había vuel-to corriendo hacia su casa, que se encontraba en nuestra retaguardia.

La ciudad aparecía plomiza y en todas partes flotaba el olor a pólvora. El tiroteo no cesaba; se oían explosiones; en un punto, algo ardía; en otro, se levantaba una humareda. Ya casi no había civiles por allí, como si la ciudad se hubiera quedado desierta. La aguanieve y el viento reforzaban el aspecto lóbrego del ambiente. Por la tarde, el tiroteo empezó a perder intensidad. Llegó la orden de preparar los vehículos para marchar sobre la ciudad.

Hacia las cinco de la tarde, la columna ya estaba lista para partir. Al lado del UAZ donde viajaba con mi dotación, lleno hasta los topes y sin calefacción, iba el UAZ Patriot del combat en el que no había nadie salvo el conductor. Al ver lo apretados que íbamos, se puso a hacernos señas con la mano para que subiéramos a su vehículo. Sin pensarlo, salté en marcha de mi UAZ y me monté en el del combat. Allí sí funcionaba la calefacción, de modo que fui entrando en calor. El conductor estaba encantado: ya tenía a alguien que lo pudiera cubrir en caso de necesidad.

Encendí un cigarrillo y saqué el cañón del fusil por la ventanilla, controlando el terreno por el que pasábamos. Coches destrozados, comercios destruidos: en resumen, una alegría de ciudad, si se me permite la ironía.

A veces la columna se detenía. Durante una de esas pausas, me fijé en un hombre y una mujer que, apostados muy cerca de nosotros, junto a un edificio, nos estaban observando. Le pregunté al hombre si había visto tropas ucranianas en algún punto cercano. Con una sonrisa extraña, negó con la cabeza y respondió que no me diría nada. Dio media vuelta y entró en el edificio.

Media hora después llegamos al puerto marítimo de Jersón. Había oscurecido; las compañías que habían avanzado antes que nosotros ya tenían controlado el puerto y se estaban instalando, buscaban un lugar donde dormir y asearse. En el recinto del puerto había varios puestos de control, un edificio administrativo y otro que parecía una residencia, con sus almacenes, vestuarios y duchas. En el muelle había barcos atracados.

En el puerto, habían comenzado a llegar otras unidades: el regimiento aerotransportado y el spetsnaz (antiguamente, del GRU),[1] ambos de Stávropol. Fui a dar una vuelta por el lugar. ¿Habéis visto alguna vez las pinturas que representan el saqueo de Roma por los bárbaros? Serían la mejor ilustración de lo que sucedía en el puerto. Todo el mundo estaba exhausto y con aspecto de salvaje. La gente merodeaba por los edificios buscando comida, agua, una ducha y una cama. Algunos empezaron a llevarse los ordenadores y cualquier otro objeto de valor que encontraran. Yo no fui una excepción: me llevé un gorro que encontré en un tráiler averiado, porque mi pasamontañas no abrigaba en absoluto. Pero cuando vi que robaban electrodomésticos, incluso yo, que estaba tan asalvajado como el resto después de vivir a la intemperie, sentí vergüenza ajena.

Deambulaba explorando el edificio, cuando di con un despacho con varios televisores. Allí había varias personas viendo las noticias. Habían encontrado una botella fría de champán. Después de darle varios tragos a morro, me senté con ellos. El canal retrasmitía en ucraniano; lo único que logré entender fue que las tropas rusas avanzaban en todas las direcciones. Odesa, Járkov y Kiev estaban bajo amenaza de ocupación; había imágenes de edificios destruidos y de mujeres y niños afectados por la guerra. Aunque sentí lástima por todos los muertos y los heridos –sobre todo por las víctimas civiles–, las noticias me trasmitieron un poco de optimismo: cuanto antes tomáramos Kiev, Odesa y Járkov, antes acabaría todo aquel follón.

Al salir del edificio, me crucé con el combat, que iba acompañado de varios oficiales. Le hice un saludo militar según el reglamento, y él me estrechó la mano. Le pedí un cigarrillo, me dio un Marlboro. Mientras fumaba, le pregunté todo lo que quería saber. Él se limitó a decirme que todo estaba bien y que pronto acabaría...

---

1. Servicio de inteligencia militar.

En ese punto, y con la esperanza de que, efectivamente, todo acabara pronto, me dirigí a las oficinas donde se había alojado la unidad de morteros, para acostarme.

Las oficinas disponían de un comedor con una cocina y varias neveras. Nosotros, como unos bárbaros, devoramos todo lo que pudimos encontrar: cereales, mermelada, miel, café…

Aquello estaba patas arriba… Nos importaba todo una mierda, estábamos al límite. Para entonces, la mayoría habíamos vivido un mes al raso, sin el menor atisbo de confort, sin poder ducharnos ni comer comida de verdad. Así nos enviaban a la guerra, sin que se nos permitiera tomarnos un descanso para recuperarnos.

En medio del caos, cada uno se buscaba un lugar para dormir; había peleas en la cola de la ducha. Yo estaba asqueado de todo aquello, aunque era consciente de que formaba parte de ello. Era manifiesta la indiferencia del alto mando por sus subordinados, quienes, con su sudor y su sangre, arriesgando la salud, tenían que llevar a cabo sus proyectos, cuya finalidad se le escapaba a todo el mundo. Es tremendo el estado de degradación al que puede llegar un ser humano si no se tiene en cuenta que necesita comer, dormir y lavarse.

A pesar de que comportarme de forma descarada jamás ha sido un problema para mí, decidí no entrar en peleas con nadie por el turno de ducha. Si a partir de entonces teníamos que defender nosotros la ciudad, no me faltarían oportunidades de lavarme. Después de quitarme el chaleco antibalas (por primera vez durante una semana) y desvestirme, vestido solo con la ropa interior térmica, amontoné todas mis cosas junto con el arma sobre una ancha mesa de dos metros de largo y me acosté encima. Me embargó una sensación de bienestar supremo. Tenía todo el cuerpo dolorido; necesitaba descansar.

La oficina estaba bien; según para quién, incluso, muy bien. Tendido de espaldas sobre aquella mesa, con el fusil envuelto en el uniforme como almohada, me acordé de que, alguna vez, yo había trabajado en una oficina parecida. Entonces yo era otra

persona, tan distinta como si de otra vida se tratara. En cambio
ahora, estaba tumbado sobre una mesa, como un animal salvaje,
en una oficina que nosotros habíamos puesto patas arriba, y me
sentía como en un hotel de cinco estrellas, si se descontaba el tiroteo que se oía de vez en cuando, a lo lejos.

A principios de noviembre obligan a todo el mundo a tomarse unas vacaciones forzosas, puesto que el presidente ha declarado una «moratoria laboral» por la pandemia, aunque todavía estoy en período de prueba y no me corresponden días de vacaciones. Me cojo quince días, pero no me voy: nos han prometido que iremos a saltar con paracaídas, y yo tengo que cumplir con el programa de saltos para que me aumenten el sueldo. Cobro veintisiete mil rublos, es absurdo darse de baja ahora, aún no nos han realizado ninguna prueba física a los *kontráktnik* recién llegados. Si pierdo la oportunidad de realizar los cuatro saltos reglamentarios, todo el año que viene seguiré cobrando los mismos veintisiete mil. Para Crimea, mi sueldo es una miseria, teniendo en cuenta que tengo que alquilar vivienda. Así que necesito hacer la prueba física y realizar los cuatro saltos.

Una semana más tarde nos comunican que saltaremos seguro, por lo que presento el parte, solicitando volver de las vacaciones antes de la fecha estipulada. Después de varios días sin hacer nada, procedemos a plegar los paracaídas. Entonces queda patente que la mitad no sabe hacerlo, de modo que practicamos desde la mañana hasta las nueve de la noche.

A las dos de la madrugada partimos para saltar.

A las cuatro llegamos a la pista de saltos. Durante la noche, la temperatura ha caído por debajo de los cero grados; como viajamos en camiones KAMAZ abiertos, llegamos congelados. Hasta las nueve, nos quedamos dando saltos sin movernos de sitio para, de alguna manera, entrar en calor. Luego llegan los helicópteros y empezamos a saltar con paracaídas. Antes de las once ya hemos saltado todos. A los de mi grupo nos sueltan por error sobre un cementerio, pero tuvimos suerte porque hacía buen tiempo y todo el mundo se las arregló para no aterrizar sobre una tumba o una cruz.

Viajamos de vuelta al cuartel. Durante el salto se me ha roto el cierre de la zamarra, lo cual es causa de discusión con el jefe de compañía: me exige que me la abroche y yo no puedo hacerlo. Después de negarme a aceptar un uniforme gastado, él y yo tenemos una relación especial.

A la mañana siguiente, sábado, me despierto con fiebre. Me he resfriado. Voy a comprar el uniforme reglamentario de entretiempo y de invierno, no pienso llevar uno gastado y de otra talla, como si fuera un espantapájaros.

El domingo sigo con fiebre.

El lunes voy al cuartel, y allí discuto con el jefe de compañía porque no me deja ir al médico. Aun así, voy al hospital, donde me hacen una radiografía que revela que tengo una neumonía bilateral. Me ingresan para «recibir un tratamiento».

Cuando me dan el alta, me entero de que, mientras estaba hospitalizado, han realizado finalmente las pruebas físicas, y las he suspendido por no presentarme. Por lo visto, el jefe de compañía no ha incluido mi nombre en la lista de enfermos, aunque sabía que estaba en el hospital. El suspenso significa que me quedaré sin los complementos salariales durante todo el año que viene, así que acudo al mando de la unidad, pero es imposible arreglarlo, y como ya estoy hasta las narices de todo ese lío, presento una queja formal ante el Ministerio de Defensa.

Mientras redactaba la reclamación, en la que expresaba todo el descontento que había acumulado a lo largo de los meses anteriores, albergué cierta esperanza, al valorar el estado de las Fuerzas Armadas, de que no estaba todo perdido, pese a que la mayoría de mis compañeros de servicio me habían avisado de que aquello era inútil y no me traería más que problemas. En la respuesta que recibí del Ministerio de Defensa, me deseaban una buena salud como paracaidista y me recomendaban poner más cuidado en el cumplimiento de la disciplina. A raíz de aquello, se me quitaron definitivamente las pocas ganas que me quedaban de servir en aquel manicomio.

Inicialmente, tenía cierta fe en que la llegada, a partir del 1 de diciembre, del reformado 56.º Regimiento, mi *alma mater*, contribuiría a poner cierto orden. Pero, lamentablemente, aquello no cambió nada, salvo algunos intentos torpes de apretar las tuercas al personal. Para mí, el legendario 56.º Regimiento pasó a la historia; hacía tiempo que se habían jubilado ya casi todos los que habían formado parte de él en sus inicios.

El 1 de diciembre, nuestro destacamento se convirtió oficialmente en la unidad 74507 del 56.º Regimiento de Asalto Aéreo, compuesto de dos batallones más o menos completos. A la formación del regimiento acudió el subcomandante de las VDV, con un enorme séquito de oficiales del Estado Mayor. Con motivo de su visita, formamos desde las ocho de la mañana hasta las tres de la tarde. Como de costumbre, echamos a perder todo un día en vez de aprender algo valioso. De hecho, ni siquiera nos pasaron revista, el general no se dignó acercarse mientras permanecíamos como idiotas en posición de firmes. En el parque automovilístico, inspeccionaron los vehículos: UAZ, KAMAZ, BMD-2, NON. Eran del año de la polca y muchos de ellos estaban averiados, aunque en los partes seguramente ponía que estaban en perfecto estado. Faltaban dos meses para el comienzo de la «operación especial».

Mientras formaba, pensé que el general nos pasaría revista, que se interesaría por nuestras cosas, que nos preguntaría si teníamos alguna queja o sugerencia, y entonces yo le hablaría sin tapujos sobre los problemas que nos acuciaban. Pero no, el general no se acercó a ninguno de los *kontráktnik*, pasó con indiferencia delante de los reclutas, que formaban vestidos con uniformes raídos, rasgados y demasiado grandes o demasiado pequeños. Durante mi infancia, los reclutas de la 56.ª Brigada tenían un aspecto muy distinto, a pesar de que, desde entonces, habían transcurrido veinte años de reformas.

El sábado, 4 de diciembre lo dedicamos a plegar los paracaídas. Muchos no habíamos completado todavía el programa de saltos. Yo aún albergaba la esperanza de que acabaría por cumplir con el programa y, en consecuencia, mi sueldo aumentaría un poco. Desde la mañana hasta la hora de comer llegamos a plegar cada uno una sola campana, era para echarse a llorar...

Los oficiales no nos prestaron ninguna ayuda, a excepción de los VDS.[1] Le eché en cara aquello al jefe de mi compañía y me respondió con sorna, riéndose: «Sois unos profesionales, ¡tenéis que saber hacerlo todo!».

Antes de la hora de comer, mientras plegaba la campana de reserva con un compañero, el jefe de compañía me dijo, en tono tenso: «Sargento Filátiev, preséntese con el uniforme completo. Tenemos una reunión con el comandante del regimiento». Estaba claro que el mando había recibido un toque de atención desde arriba a raíz de mi queja ante el Ministerio de Defensa. Mientras caminábamos hacia el despacho del comandante, el jefe intentó reprenderme por haberme quejado y también por llevar un crucifijo colgado del cuello, que está prohibido por el reglamento; no se le debió de ocurrir nada mejor que reprocharme. Le dije que yo los había puesto sobre aviso antes de presentar la queja, y que no pensaba dejarlo pasar sin más.

Tras el conflicto surgido a raíz de mi hospitalización, el jefe de compañía me importaba un comino: si yo había decidido presentar una queja, tenía que llegar hasta el final. En realidad, no era nada personal, simplemente encarnaba en su persona los problemas de los que adolecen nuestras Fuerzas Armadas. Era un jefe al que le traían al pairo sus subordinados, tenía sobrepeso, disnea, y había sido acusado de robo, aunque fue absuelto por falta de pruebas. Como no le había ido bien en su carrera mientras sirvió en la 56.ª Brigada en Kamishin, se había largado

1. Instructores de saltos.

a Feodosia, adonde, por las vicisitudes del destino, fue a parar a la 56.ª un par de años después, algo que no paraba de lamentar sin ruborizarse ante el personal.

Una vez en el despacho, el comandante del regimiento empezó a recriminarme que me hubiera quejado, algo que, según él, estaba mal. Entonces le expliqué la razón de mi queja e insistí en que, en primera instancia, yo había acudido al mando de la unidad antes de que el comandante entrara en funciones. Entonces el comandante arremetió contra el jefe de compañía, el verdadero culpable de la situación. No voy a describir la escena... Luego, me dejó marchar.

Cuando salí del cuartel, empezaron las llamadas. El subcomandante de la división, encargado del personal, me llamó y, de malas maneras, me pidió explicaciones por mis quejas al Ministerio de Defensa. En resumen, intentaron darme a entender, por activa y por pasiva, que había caído en desgracia. Antes de quejarme ante el ministerio no había tenido ninguna amonestación; después, tuve tres seguidas.

Algunos de los oficiales, cuando conversaban conmigo a solas, me daban toda la razón, aunque puntualizaban que era inútil quejarse. Además, me llegó la información de que el mando estaba preparando documentación para denunciarme por calumnias, pero, según los rumores, el comandante de la división no dio su visto bueno...

Como ya he dicho, se me fueron las pocas ganas que me quedaban de seguir en el Ejército. Viendo lo que había, entendía que nuestra capacidad combativa era, por decirlo de forma suave, algo dudosa, que estábamos ocupados en fruslerías, en faenas inútiles, en tareas sin sentido o en fingir que realizábamos ejercicios (incluso eso de fingir, raramente lo hacíamos). Después del 15 de enero tomé la decisión de darme de baja. Para ello, me sometí a unos exámenes médicos, ingresé en el hospital. Como el trato que yo recibía por parte del mando no era correcto, desde luego, y también debido a mi hartazgo, empecé a pasar de muchas cosas de forma descarada. En el Ejército, se valora el pasar desapercibido, decir sí a todo, no luchar por sus derechos, no mostrar el descontento. Si no estás conforme con que tus derechos no se respeten, el mando se esforzará al máximo por hacerte la vida imposible. Lo que más me sorprende es que la mayoría de mis compañeros me dijera que yo había hecho bien en quejarme ante el ministerio: casi todos ellos estaban hartos de aquel disparate y querían que las cosas fueran de otra manera, deseaban dedicarse al auténtico entrenamiento militar, en vez de fingir una actividad frenética. No obstante, y yo era un ejemplo de ello, los intentos de conseguir alguna mejora solo comportaban conflictos con el mando, y eso hacía que desistieran, para no pagar ese precio.

Darse de baja del Ejército es aún más difícil que ingresar en él...

2 DE MARZO

Me despertaron a las cinco de la mañana. Junto con otro compañero, tenía que hacer el relevo de la guardia en uno de los puestos de control del puerto. Muy pronto, todo el mundo ya estuvo despierto. El regimiento de paracaidistas de Stávropol estaba a punto de marcharse a alguna parte. Como centinela en el puesto de control, no quise dejar pasar a uno de sus combat *–o quizá fuera su comandante de regimiento–, porque no conocía el santo y seña. Menudo despropósito… Al final, hice la vista gorda y lo dejé pasar: solo querían montarse en los BTR aparcados delante del portón.*

Al amanecer, los compañeros de Stávropol marcharon en una dirección desconocida. Los de mi unidad también empezaron a juntarse y a subir a los vehículos. Me sorprendió, porque yo creía que nos íbamos a quedar en el puerto para defender la ciudad. Todas mis esperanzas de que todavía tuviera oportunidad de darme una ducha se vieron frustradas. Abandoné el puesto con el propósito de, al menos, llegar a tiempo para lavarme la cara y los dientes. Al recorrer el recinto de la oficina, pude comprobar la magnitud del desorden que habíamos dejado a nuestro paso. Fui a curiosear al otro lado del edificio y me encontré con unos compañeros, que estaban intentando forzar una máquina de café para extraer de ella los grivnas,[1] quién sabe para qué.

1. Moneda ucraniana.

Sobre las once, las compañías salieron del puerto para ir a la ciudad: decían que iban a vigilar las negociaciones con el Gobierno municipal. La unidad de morteros y los spetsnaz de Stávropol se quedarían en el puerto para controlarlo y dar apoyo en un caso de emergencia. En la ciudad había guerrillas y francotiradores.

Ocupamos posiciones de vigilancia en las ventanas del edificio. Los morteros estaban listos para disparar. Yo me encontraba en el despacho del director, una sala amplia, con muebles forrados de cuero, un escritorio enorme y una buena biblioteca con libros, la mayoría en ruso. La caja fuerte del despacho había sido forzada.

Se me unió un tipo joven que se había agenciado una botella de coñac y una tableta de chocolate en algún sitio. Me ofreció la botella y acepté. El chico era del spetsnaz de Stávropol. Nos tomamos varios tragos y charlamos. Me gustó que el chico no fuera nada tonto y, lo mismo que yo, estuviera disgustado con todo aquel follón.

Dijo que aquella mierda tardaría en acabar porque sabía lo bien fortificadas que estaban las posiciones del Ejército ucraniano en la región de Donetsk, por lo que no creía que nuestras tropas pudieran romper fácilmente su defensa.

Me preguntó por qué llevaba el uniforme de media estación caqui. Le expliqué que había tenido que comprármelo yo mismo para poder llevar uno nuevo y de mi talla. Me regaló un juego de ropa de camuflaje Rátnik y un par de bambas, diciendo que tenía más y que el abastecimiento de su unidad era mejor que el de la nuestra. Se notaba que aquel equipo estaba usado, no era nuevo, pero estaba bien lavado. No puedo describir la emoción que sentí entonces. Siempre he admirado la capacidad de nuestros soldados rasos de ayudarse mutuamente y unir esfuerzos durante la guerra. En esos momentos, nos convertimos en hermanos, pero después, cuando llega la paz, nos olvidamos de nuestra hermandad. La capacidad de los soldados rasos de solidarizarse entre sí es proporcional al grado de indiferencia que siente el alto mando hacia ellos...

Por la tarde llegaron varios UAZ para recogernos, y nos lleva-ron, como sardinas en lata junto con nuestros morteros, al cen-tro de la ciudad, donde se encontraba el resto. Acordonamos el centro y permanecimos allí hasta la noche. En ese mismo lugar se encontraba un destacamento de spetsnaz, al parecer, el Rósich (no llegamos a saberlo a ciencia cierta, porque no hubo manera de hablar con ellos con tranquilidad). Los morteros no eran de ninguna utilidad en aquella posición; simplemente, estuvimos vigilando el centro de la ciudad. En el Ayuntamiento, mientras tanto, tenían lugar las negociaciones.

Empezó a anochecer. Apretados dentro de nuestros UAZ, fuimos saliendo de la ciudad, de vuelta al aeropuerto de Jer-són. Mientras viajábamos con las armas a punto, dispuestos a rechazar un ataque del enemigo, nos cruzábamos con civiles ucranianos que estaban saqueando las tiendas. En la salida de la ciudad, había aparecido el OMON, reforzado con BTR, que ins-peccionaba los pocos vehículos civiles que pasaban por allí.

Al llegar al aeropuerto, en medio de la oscuridad, volvimos a acomodarnos en las trincheras que habíamos cavado anterior-mente. Solo entonces supimos que, mientras habíamos estado ausentes, el aeropuerto había sido bombardeado por la artillería y que habíamos sufrido bajas.

Que casi todo el país esté al tanto de que en el Ejército ruso reina el disparate y todo es apariencia no impide que siga habiendo gente que, como yo, se alista creyendo que, quizá, las cosas no estén tan mal o hayan cambiado para mejor. Lamentablemente, en el Ejército también hay quien está conforme con todo, ha invertido toda una vida en hacer carrera, ha llegado al rango de comandante o más, y ahora, cuando le falta poco para jubilarse, no quiere arriesgarse a perderlo todo. Personas como esas constituyen el pilar de un sistema podrido, ya que creen a ciegas que las cosas son como deben ser. Fueron los que creyeron que tomaríamos Ucrania en tres días, con el Ministerio de Defensa desmadrado como estaba, claro que sí...

¿Quién y cómo se asumirán responsabilidades por el colapso del Ejército? Si las VDV, la élite militar, la reserva del mismísimo Comandante Supremo de las Fuerzas Armadas, presentan un aspecto tan deplorable, no quiero ni pensar en lo que pasa en otras unidades.

A mediados de febrero, mi compañía, como muchos otros destacamentos, se encontraba en un campo de maniobras en Staryi Krym. Cuando veía las noticias por la televisión, yo tenía la certeza de que algo se estaba cociendo; al campo de maniobras fueron enviados incluso los que estaban de permiso y los que tenían una baja médica. En aquel momento yo ya no quería saber nada de un Ejército como ese, en el que uno no es nadie, los derechos legales son papel mojado y el sueldo está por debajo del de un mozo de carga en un Magnit.[1] También era consciente de que la capacidad combativa de las tropas era casi nula. Precisamente de eso me había quejado ante el ministerio, que había reaccionado haciendo caso omiso de mi queja. ¿Cuál era, entonces, el verdadero objetivo del Ministerio de Defensa, habida cuenta de su incompetencia? ¡¿Su propia ruina?!

Como supe más tarde, el mando de mi regimiento había amañado a toda prisa una causa contra mí, presentándome como alguien que violaba regularmente la disciplina y que era el peor de su unidad. Al no conseguir ninguna foto en la que yo apareciera con uniforme, habían llegado incluso a meter en mi expediente una que habían falsificado mediante Photoshop, combinando una imagen mía encontrada en internet con la de otra persona vestida con uniforme. ¡La foto que figura en mi expediente no es mía!

Por un lado, deseaba licenciarme cuanto antes; por el otro, pensaba que en aquel momento, cuando algo estaba a punto de suceder, negarme a participar sería deshonroso, un acto de cobardía. Corrían rumores de lo más variado: desde la posibilidad de que Ucrania y la OTAN atacaran Crimea –en ese caso, nos tocaría concentrarnos en la frontera para limitarnos a rechazar el ataque– hasta que Ucrania lanzara una ofensiva en Donbás. Aunque yo no terminaba de creerme aquellas amenazas, negarme a ir al campo de maniobras debido al miedo ante un posible conflicto armado me daba vergüenza. No sé si fui guiado en mi decisión por el patriotismo o por no echarme atrás. También pensé que el permiso para que me licenciara tardaría en llegar, de manera que no me daría tiempo a renunciar. En ese momento yo no creía que Ucrania o la OTAN fueran realmente a atacar, pero si, en última instancia, ocurría eso, mi baja del Ejército se habría interpretado como un acto de cobardía.

1. Red de supermercados.

Me parecía que lo más probable era que nos trasladaran a todos a la DNR y la LNR, donde nos acuartelaríamos, anunciaríamos bajo la bandera rusa un referéndum y anexionaríamos al desdichado Donbás. Era consciente de que, quizá, hubiera combates, aunque únicamente defensivos, en la frontera entre Ucrania y Donbás, o en la de Crimea. Veía lógico que disfrazaran la operación militar como una misión de paz...

Con este razonamiento, decidí acudir al comisario político del batallón, que era responsable del envío del contingente al campo de maniobras, y le anuncié que yo también quería ir porque tenía la impresión de que se estaba cociendo algo. Él, mirándome con unos ojos como platos como si yo estuviera loco, me preguntó repetidamente de dónde había sacado aquello, pero finalmente me autorizó a que fuera, pasando por alto el hecho de que, en aquel momento, yo estuviera oficialmente incluido dentro de la categoría G, es decir, «temporalmente no apto para el servicio».

El 15 de febrero llegué al campo de maniobras, donde, una vez más, quedé horrorizado con cómo estaba organizado todo. Nuestra compañía al completo, cerca de cuarenta personas (los reclutas se habían quedado en el cuartel), se alojaba en una sola tienda. La tienda estaba equipada con literas y una estufa tipo salamandra. Cabe decir que, incluso en Chechenia, donde nos alojamos en tiendas y *zemliankas*,[1] las condiciones eran mucho mejores.

Durante el servicio militar obligatorio, en el ya lejano 2007, la alimentación en los campos de maniobras siempre había sido buena; esta vez, en cambio, la comida que servían en el comedor era peor incluso que la que nos servían en el cuartel. No había donde lavarse. Aparte, en nuestra compañía se había establecido que el equipo Rátnik, la mochila y el saco de dormir solo se nos entregara cuando lo decidiera el jefe de compañía; es decir, por ejemplo, antes de pasar revista a la tropa o la víspera de la salida

1. Refugios excavados y reforzados con troncos.

al campo de maniobras. Hacía mucho que yo venía oyendo que en la compañía faltaban equipos, algo por lo que incluso el jefe había sido denunciado en varias ocasiones. Por eso, los últimos en llegar, unas cinco personas en total, no teníamos ni saco, ni ropa de camuflaje, ni chaleco antibalas, ni casco. Utilizábamos el equipo por turnos. Cuando llegué a la tienda, donde mis compañeros de servicio presentaban ya un aspecto bastante deplorable después de dos semanas de aquella vida «tan cojonuda», comprobé que no tenía saco ni un lugar donde dormir, de modo que ocupé el lugar destinado al jefe de compañía. Me había enterado de que el personal ya le había mostrado su descontento por las condiciones en la tienda, la comida y la falta de higiene, y sabía que evitaba, siempre que podía, dormir en la tienda.

Más tarde supe, por la información llegada de muchas otras unidades trasladadas a Crimea para «hacer maniobras», que las condiciones podían ser aún peores: en pleno febrero, no tenían combustible para estufas ni un lugar donde lavarse y por eso se bañaban en el mar. Como resultado, en febrero, los hospitales ya estaban a rebosar de enfermos; incluso se hizo público que se había dado la orden de prohibir las hospitalizaciones. Por la noche, en cuanto vi al jefe de mi unidad, seguramente incómodo por mi presencia y por la de otros igual de descontentos, le pregunté dónde estaban mi saco de dormir y mi equipo Rátnik. Me respondió que no había y que era problema mío conseguir equipo y un lugar para dormir. En resumen, desde el principio me fijé en que la forma de actuar del jefe de compañía consistía, para escurrir el bulto, en intentar por todos los medios hacer quedar mal a los jóvenes sargentos y al suboficial, quienes, a su vez, se veían obligados a enfrentarse al personal, que se quejaba de los problemas. El resultado era que ninguno de esos problemas quedaba resuelto, porque cada cual perseguía su propio interés.

Durante los días siguientes, fuimos al campo de tiro donde, por lo visto, disparábamos con el único objetivo de agotar la munición. Allí sostuve, por primera vez, mi arma reglamentaria, que me había sido adjudicada de forma precipitada por el jefe de compañía el 1 de diciembre, directamente en la plaza de armas, durante la inspección del general. Hasta entonces, ¡había estado cuatro meses sin tener adjudicada ningún arma!, algo inimaginable incluso durante mi servicio militar entre 2007 y 2010. El arma estaba oxidada y el cierre de la correa estaba roto. Durante los primeros ejercicios de tiro nocturnos, tras varios disparos, el fusil quedó atascado; tuve que pasarme un buen rato limpiándolo para ponerlo a punto.

En el campamento se patrullaba todas las noches. Una noche, un compañero y yo entramos en nuestro turno de guardia a la una de la madrugada. El jefe de guardia de la unidad nos entregó una estación de radio portátil y nos ordenó que diéramos el alto a todo aquel que viéramos, y que le informáramos sobre los recién llegados. Estuvimos patrullando la carretera de entrada al campamento, según se nos había ordenado. Media hora más tarde vimos que, a lo lejos, por la carretera se acercaba un vehículo, así que nos apostamos en medio de la calzada con la intención de detenerlo y dar parte al jefe de guardia. El vehículo estaba cada vez más cerca, cegándonos con las luces, mientras nosotros permanecíamos en la carretera con los brazos extendidos en cruz. Era evidente que el vehículo no se iba a detener; en el último momento, tuvimos que apartarnos. Yo sostenía en la mano la radio con la antena, y mientras me hacía a un lado, perplejo ante el descaro del conductor desconocido, rocé ligeramente con ella la carrocería del vehículo. Enseguida me di cuenta de que era un UAZ Patriot del Ejército. Unos veinte metros más allá, el vehículo se detuvo, y oímos gritar a alguien mentando a nuestra madre, preguntando qué clase de cretinos éramos nosotros y quién había sido el idiota que nos había ordenado detener los vehículos. Luego me siguieron abroncando y me llamaron la atención por llevar un gorro no reglamentario, tras lo cual el comandante de regimiento prosiguió su camino... Después de una escena como aquella, a uno rápidamente se le quitan las ganas de cumplir a rajatabla las órdenes del mando.

3 DE MARZO

A la mañana siguiente, corrió el rumor de que iríamos a asaltar Nikoláyev y, luego, Odesa. Yo no daba crédito, ¿acaso el alto mando no entendía que el personal estaba extenuado?

Pronto llegó la orden de embarcar y partir. La columna de nuestro regimiento, compuesta de UAZ, camiones y BMD, puso rumbo a Nikoláyev. La cantidad de equipos había disminuido visiblemente. Primero nos desplazamos por carretera, luego fuimos campo a través. Más tarde supimos que íbamos a asaltar el aeródromo de Nikoláyev.

A media tarde, la artillería enemiga empezó a bombardear nuestra columna. Nos detuvimos, saltamos de los vehículos y dispusimos los morteros para el combate. Hubo que salvar, a la carrera, una zanja, donde nos mojamos las piernas hasta la rodilla. No sé quién nos había proporcionado las coordenadas; realizamos varias descargas. Después, varios UAZ partieron en dirección al lugar de donde nos estaban disparando, de manera que dejamos de tirar.

Junto a nuestra posición, a la cabeza de la columna, se veían unos impactos de la artillería. Allí se dirigió el vehículo sanitario, que luego volvió, y detrás de él, un UAZ maltrecho.

El bombardeo continuó, si bien solo nos estaban disparando con tres piezas. La columna seguía sin moverse; no volvimos a recibir coordenadas para apuntar. Media hora después, la columna reanudó la marcha. A lo largo de la carretera, empezaron a verse viviendas y equipos abandonados del Ejército ucraniano. Se notaba que hacía poco que habían dejado de defender sus posiciones, bastante bien fortificadas.

Se nos ordenó atrincherarnos en las afueras de una población. Mientras instalábamos las piezas de artillería con el apoyo del pelotón de PTUR, un combate se libraba no muy lejos de allí, algo más adelante. Casi todo el mundo se había ido allí. Estábamos en medio de las posiciones abandonadas por el Ejército de Ucrania, allí estaban los equipos que habían dejado atrás, cajas de Javelin y un BMP ucraniano, también abandonado.

Se oían tiros y explosiones, pero no lográbamos identificar dónde ni quién disparaba a quién. Pasaban volando misiles tipo Kinzhal, se dejaba notar la presencia de la aviación; varios proyectiles Javelin sobrevolaron nuestra posición.

Cuando había empezado a oscurecer, varios de nuestros UAZ fueron pasando en la dirección opuesta a la del combate. Yo los detenía para preguntar qué había ocurrido, pero nadie supo explicármelo de forma inteligible. Lo único que pude sacar en claro era que un poco más adelante había unas posiciones bien fortificadas del Ejército ucraniano, y que nuestros chicos habían entrado en la boca del lobo. Tuve la impresión de que la retirada había sido caótica... ¿Quién dirigía toda aquella mierda?

A nosotros también se nos ordenó subir a los vehículos. Después de recorrer, literalmente, quinientos metros, volvimos a detenernos: había llegado la orden de atrincherarnos en silencio y pasar la noche allí mismo. Totalmente agotados, dormimos al raso, entre unos arbustos. Hacía mucho frío. Durante la noche, hubo patrullas de vigilancia sin que quedara claro quién y dónde tenía que hacerlas. Empezó a correr el rumor de que habían matado al combat...

Hacia el 20 de febrero llegó la orden de prepararnos para partir con el equipo mínimo. Teníamos por delante una marcha hacia no se sabía dónde. En aquel momento, la mayoría albergaba la esperanza de que aquella marcha supondría el fin de las maniobras, aunque algunos decían, bromeando, que íbamos a atacar Ucrania y a tomar Kiev en tres días. Yo ya no estaba para bromas y les dije a aquellos bromistas que si ocurriera algo así, en tres días no íbamos a tomar nada de nada, y aventuré que nos iban a enviar a Donbás...

Los preparativos tomaron un día entero. La mayoría dejó el teléfono móvil en el campamento; todo el armamento disponible fue embarcado. Hacia las cinco de la tarde acabó de reunirse nuestro regimiento, compuesto por mi batallón de asalto con los UAZ, la batería de morteros de calibre 82 mm, el batallón de paracaidistas en sus BMD-2, la compañía de reconocimiento reducida, la división de artillería con morteros de calibre 120 mm y obuses D30, y varios pelotones sueltos. Según mis cálculos, allí había entre quinientas y seiscientas personas. Y, como de costumbre, cada uno tuvo que buscarse la vida para hacer reserva de comida y agua: a nuestro mando aquello no le concernía.

Nuestra compañía tenía en su arsenal un montón de armamento: NSV UTIOS, AGS, RPG-7, PTUR Fagot, ametralladoras Pecheneg y AK-74M con lanzagranadas acoplados. El problema inesperado con el que nos encontramos fue que ninguno sabía disparar con los PTUR. Por si eso fuera poco, yo, por ejemplo, tenía adjudicado un AK-74M con el lanzagranadas acoplado, un arma ligera, mientras que un compañero, que tenía problemas con las piernas y a quien se negaban a hospitalizar por el decreto que lo prohibía, tenía que cargar con la ametralladora pesada Pecheneg. Por alguna razón, nos tocó, además, cargar con una NSV UTIOS, al tiempo que al tirador del lanzagranadas RPG-7 se lo sobrecargó con un AGS.

Sobre las ocho, al anochecer, la columna salió para dirigirse a la carretera. Había otras columnas, aparte de la nuestra, que estaban haciendo lo propio. En la carretera aparecieron unos coches de la Policía de tráfico y de la Policía militar, con las sirenas funcionando; unos convoyes enormes comenzaron a arrastrarse con rumbo desconocido. Durante todo el viaje íbamos aventurando adónde nos dirigíamos; los conductores simplemente seguían al vehículo que tenían delante. Nadie conocía el destino final.

Hacia las tres de la madrugada fuimos a parar a unos campos en algún lugar cerca de Chervoni Perekop. En muchos de los UAZ ni siquiera funcionaba la calefacción.

Por la mañana nos entregaron paquetes de racionamiento. Ya entonces todos estábamos sucios y exhaustos. Algunos llevaban casi un mes viviendo en el campamento sin ningún tipo de comodidades y tenían los nervios al límite, y el ambiente se iba enrareciendo cada vez más.

La mayoría ya no tenía ninguna comunicación con el mundo exterior, la tropa se alimentaba de los rumores que decían que la situación se iba caldeando. Supongo que los comandantes de regimiento ya sabían lo que iba a suceder.

Dos días después, también durante la noche, nos desplazamos, la columna al completo, a otro punto, más cerca de la frontera, en algún lugar cerca de Armiansk. Dormíamos a bordo de los vehículos, patrullando intensamente durante la noche.

La noche del 22 al 23 de febrero nos llegó la información, proporcionada por el mando, de que varios comandos del enemigo habían cruzado la frontera con el objetivo de tender emboscadas. La situación, ya de por sí complicada para muchos de nosotros, se tensó aún más. Sin embargo, parece una broma, no se nos terminaba de proporcionar munición, al tiempo que algunos no teníamos ni el equipo Rátnik... Uno de los compañeros, que se había tomado muy en serio aquella advertencia, sugirió incluso ponernos en los brazos un distintivo para no confundirnos con el enemigo y, entre risas, propuso un santo y seña para la noche: «Jersón es nuestra», una frase que resultó premonitoria. En la oscuridad, cada compañía permanecía a cierta distancia de las otras. Aquella noche había lluvia y niebla; nadie entendía qué estaba pasando, todo eran conjeturas.

4 DE MARZO

Con la llegada del amanecer, nos montamos en los vehículos. La columna da media vuelta, con rumbo desconocido. Tras recorrer unos tres kilómetros, tomamos posiciones dentro de una franja boscosa; los helicópteros de apoyo continúan hacia delante. Aprovechando aquella pausa, unos intentan comer algo sobre la marcha, otros deciden dormir. Cuando veo al sanitario de mi compañía, le pregunto: «¿Qué hay de los nuestros, hermano?». Me responde: «A fulano lo mataron, tal y cual están malheridos».

Nos vuelven a bombardear. Nos guarecemos bajo un gran árbol. Alguien se dirige al oficial, que se refugia con nosotros: «Camarada comandante, ¿qué hacemos?». Él replica: «Y yo qué coño sé, no soy combat para saberlo, ¡soy comisario político!». Ha quedado claro, nadie esperaba que respondiera otra cosa.

Otra vez subimos a los vehículos; advertimos que todo el mundo está volviendo, de forma caótica. Por el camino veo que los NON del batallón de paracaidistas han ocupado posiciones y están haciendo fuego en dirección a Nikoláyev. También veo a los de mi compañía, que se están distribuyendo en sus UAZ. La sensación es de desbandada general. Entonces, como si alguien hubiera dado la orden, el tiroteo cesa.

Reparo en que los helicópteros de apoyo se alejan de Nikoláyev. Más tarde supe que allí habían derribado, como mínimo, a cinco de ellos.

Volvemos, no entendemos una mierda...

No sé por qué, pero en aquel momento, en el camino de regreso, pensé que tal vez hubieran firmado un armisticio. El comandante de división nos había asegurado que celebraríamos el 8 de marzo en casa, y un par de días antes, en el puerto de Jersón, yo había visto por la televisión cómo bombardeaban Kiev y Járkov. Se decía entonces que nuestras tropas habían puesto cerco a aquellas dos ciudades y que Odesa había sido tomada por nuestros marines...

Pensé que era el fin de la guerra. Quizá deliraba, quizá fuera por el cansancio extremo o tal vez en un intento de no perder toda esperanza. Y es que era impensable que el alto mando no entendiera que nadie era capaz de mantener una ofensiva efectiva durante once días seguidos sin tomar ningún descanso...

Mientras nos ausentamos del aeropuerto de Jersón, allí habían ido llegando más tropas: la artillería Msta y Buratino, baterías de la defensa antiaérea e infantería... Ya no estábamos tan mal servidos como antes.

La infantería llegó, equipada de forma extraña: llevaban cascos viejos y ropa de camuflaje usada. Como supimos más tarde, aquellos tíos habían sido movilizados en la DNR... Los mirábamos por encima del hombro, sabiendo que no serían de utilidad en el campo de batalla: la mayoría rondaba los cuarenta y cinco años y habían sido movilizados por la fuerza. Además, corrió el rumor de que los de la infantería motorizada se habían negado en masa a ir al frente, y posiblemente esa fuera la causa por la que no nos dejaban tomarnos un descanso. Empezamos a sentir rabia hacia los que rehusaban ir al frente.

Ignorando cualquier precaución, entre todos hicimos un fuego para calentar la comida. Después de comer y comentar los rumores al calor de la hoguera, nos dejamos caer, totalmente agotados, en las trincheras, y nos dormimos. Al haber más tropas, teníamos la sensación de que nos podíamos permitir relajarnos un poco.

El 23 de febrero llegó el comandante de división y, mientras formábamos, nos felicitó con motivo de la festividad[1] y anunció que, a partir del día siguiente, nuestra paga diaria ascendería a sesenta y nueve dólares americanos. Esa cantidad entonces cotizaba aproximadamente a siete mil rublos (aunque también en eso nos timaron: acabamos cobrando tres mil quinientos rublos diarios).

Desde el primer día, cuando fuimos conscientes de que aquella operación no era como la de anexión de Crimea –apodada popularmente «Gente Amable»–,[2] o unas maniobras, sino una guerra en toda regla (cruzamos la frontera al son de los lanzamientos de misiles MLRS y con el acompañamiento de helicópteros de combate y cazas), ya entonces nos decíamos que no había dinero en el mundo que pudiera pagar aquella faena. Pero para nosotros, que éramos defensores de la patria –paracaidistas, el orgullo de la nación–, el dinero no tenía importancia: si habíamos recibido la orden de avanzar para ir a la guerra, entonces algo realmente grave estaba ocurriendo. Tal vez el Ejército de Ucrania ya estuviera ocupando Rostov, o ¡quizá los yanquis hubiesen desembarcado en Kamchatka! Bromas aparte, eso fue lo que pensé al principio, o algo similar, en vista de que se había tomado la decisión de cruzar la frontera ucrania-

1. El 23 de febrero en Rusia se celebra el Día del Defensor de la Patria.
2. En referencia a los llamados «hombrecitos verdes», soldados regulares rusos enmascarados sin insignias que tomaron Crimea en 2014.

na y se nos había ordenado tomar Jersón: no hallaba otra explicación.

Una vez finalizada la formación, comenzó el ajetreo propio del reparto de munición, granadas y trimeperidina.[1] Corrió el rumor de que, efectivamente, iríamos a asaltar Jersón. Me pareció delirante. Nadie sabía lo que sucedería al día siguiente. Algunos aventuraron que iríamos a proteger la frontera de Crimea. Otros decían que asaltaríamos Kiev y la tomaríamos en tres días. A estos últimos yo les repetía que, en tres días, no tomaríamos nada de nada y que, si lo intentábamos, nos iríamos a la mierda. Creía que nadie en su sano juicio podía ordenar algo así, y me disgustaba que mis compañeros mostraran aquella actitud tan frívola al respecto. Tuve la impresión de que, o nos atacarían (entonces, toda aquella agitación era necesaria para demostrar que estábamos preparados), o nos trasladarían con helicópteros a las LDNR,[2] o nos destinarían a la frontera para reforzarla mientras nuestras tropas entraran en las LDNR por el este, con el objetivo de celebrar un referéndum. Ya no cabía duda de que se estaba cociendo algo, pero hacía tiempo que no teníamos comunicación con el mundo exterior ni acceso a internet.

Aquel día discutí con los jefes de pelotón y de compañía: la situación se iba complicando y yo ni siquiera tenía chaleco antibalas. Fui a buscar al *combat* (¡que Dios lo tenga en su gloria!). Aquel teniente coronel combinaba a la perfección las cualidades de un buen jefe: era capaz, cuando era preciso, de pegarte un grito como un padre, pero también de escucharte, como una madre.

Lo encontré junto a la batería de morteros; me saludó de forma paternal, estrechándome la mano, y me felicitó por haberme decidido finalmente a ir en misión. Después de escucharme atentamente y enterarse de que no tenía el equipo Rátnik, me dijo que ya había ordenado traer los equipos por la noche desde el

1. Opioide analgésico.
2. Acrónimo conjunto de las repúblicas separatistas de Donbás.

regimiento para todos los que no los tenían. Puesto que hacía tiempo que estaba al tanto de mis conflictos con el jefe de compañía, me propuso incorporarme mientras tanto en la batería de morteros ya que allí, por alguna razón, siempre andaban cortos de personal. Al jefe de la batería me lo había cruzado varias veces en el gimnasio. Me había dado impresión de ser un buen oficial, de modo que acepté la propuesta: ya estaba cansado de los conflictos, había aceptado que no podía cambiar nada y tenía ganas de que todo aquello acabara lo antes posible para licenciarme en cuanto tuviera oportunidad. Hacia el anochecer, una vez me hubieron entregado el chaleco antibalas, el casco y la mochila, me dirigí al lugar donde se encontraban los KAMAZ de la batería de morteros, para hablar con el jefe. Él ya estaba informado de que me iba a incorporar a su unidad. Le dije que no entendía nada de morteros, pero le aseguré que haría todo lo que me ordenara. El jefe me explicó que yo iría en el pelotón de la dirección y me indicó cuál era mi KAMAZ. Me monté en él; allí había unas cinco personas, todas caras conocidas: habíamos servido juntos en el mismo batallón. Oscureció enseguida; la columna volvió a formar.

Aquel día todo empezó a cambiar. Todo el mundo había experimentado una transformación: unos estaban nerviosos y rehusaban todo contacto con los demás, otros se mostraban visiblemente asustados; a algunos, en cambio, se los veía inusitadamente animados y vigorosos. Yo sentía una extraña mezcla de resignación y de cierto fervor: un efecto provocado por la adrenalina.

La columna se puso en movimiento, alterando la formación sobre la marcha. La batería de cinco piezas de mortero de calibre 82 mm contaba con tres KAMAZ y tres URAL. Uno de los KAMAZ transportaba al pelotón de la dirección; el resto de los vehículos llevaban las piezas, los proyectiles y las dotaciones compuestas por cinco personas cada una.

Mis nuevos compañeros me iban explicando que la función del pelotón de la dirección consistía en realizar tareas de inteligencia y de corrección del fuego. En caso de que se produjese un choque contra el enemigo, de todos modos teníamos que mantenernos en la retaguardia, a unos tres kilómetros de distancia, para dar apoyo a las compañías de asalto. Entonces me quedé pensando: mientras mi compañía estuviera en el frente, yo andaría escondido detrás de ella en la retaguardia, todo por causa de mis conflictos personales; me sentí culpable. Pero enseguida ahuyenté aquel pensamiento: ¿una guerra en el siglo XXI? ¡Imposible! No iba a ocurrir nada de nada. Como mucho, estaríamos destacados por ahí, haciéndonos los bravos. A pesar de ello la sensación de extrañeza por lo que estaba pasando no desaparecía. ¿Adónde nos dirigíamos?

Desde hacía un tiempo, ninguno había dormido más de cinco horas al día, vivíamos literalmente al raso, de modo que acabé por quedarme dormido junto con el resto, dentro del KAMAZ...

5 DE MARZO

Por la mañana, volvió a correr el rumor de que pondríamos rumbo hacia Nikoláyev... Durante la noche, la ciudad había sido sometida a bombardeo.
Volvimos a formar columna y partimos. Yendo y viniendo por los campos de las afueras, bajo el fuego enemigo, fuimos cambiando de posición hasta entrada la noche...

6 DE MARZO

La mañana volvió a empezar con un bombardeo. De nuevo saltamos a los vehículos, de nuevo hacemos un alto en distintos puntos, de nuevo cambiamos de posición, bajo los bombardeos, también de los GRAD, con sus proyectiles de racimo. La precisión de la artillería ucraniana a la hora de hacer blanco no era muy buena entonces. Al anochecer, habiendo fijado nuestra posición en algún punto de la frontera entre las provincias de Jersón y Nikoláyev, nos diseminamos sobre una superficie enorme que se extendía unos veinte kilómetros, desproporcionada, teniendo en cuenta la cantidad de nuestros efectivos.

7 DE MARZO

Envían a mi dotación de mortero a tomar posición junto a la de mi 6.ª compañía. Al llegar para pasar la noche allí, vuelvo a encontrarme con los míos. Uno de los sargentos dice que en su pelotón queda poca gente: perdieron a cuatro cerca de Nikoláyev. Sin darle más vueltas, anuncio que vuelvo con mi compañía, incorporándome a aquel mismo pelotón. Hasta entonces, la unidad de morteros, por decirlo así, se ha mantenido al margen.

Más tarde, la unidad de morteros también sufriría bajas, más de la mitad del personal cayó herido.

Luego, durante más de un mes, era como el día de la marmota. Nos atrincherábamos; la artillería ucraniana nos bombardeaba. Nuestra artillería bombardeaba a su vez las tropas ucranianas; nuestra aviación apenas si se dejaba ver. Nos limitábamos a mantener nuestra posición en las trincheras, donde no podíamos ni lavarnos, ni comer, ni dormir como es debido. Estábamos todos con barba y mugrientos; el uniforme y las botas terminaban, inevitablemente, hechos polvo.

El alto mando no se dejaba ver. Corrían distintos rumores. Se comentaba que muchos se negaban a ir a la guerra, que nos pagarían a cada uno cinco millones al volver, que estábamos a punto de salir victoriosos, que nuestras bajas eran innumerables, que la OTAN estaba enviando a sus soldados, que el dólar cotizaba a ciento cincuenta rublos, que el precio del azúcar se había triplicado.

No teníamos nada para comer, salvo los paquetes de racionamiento, pero se nos insistía una y otra vez que no consumiéramos más de una ración cada dos días. Al final nos informaron de que la reserva de comida de la división estaba agotada. Un tiempo después, a algún listo de arriba se le ocurrió la idea de instalar una cocina de campaña en la retaguardia de nuestra posición, con voluntarios para cocinar. A causa de la instalación de la cocina –que echaba humo–, los bombardeos contra nuestra

posición se volvieron más frecuentes. También buscaron volun-
tarios para cocinar en nuestra compañía: los otros habían renun-
ciado porque la bazofia que se suministraba para cocinar era
incomestible. La mayoría, simplemente, se negaba a comer
aquello.

En una ocasión, nos anunciaron que nos pagarían por cada
combatiente ucraniano abatido y por cada equipo enemigo des-
truido, como lo había hecho la guerrilla chechena en su mo-
mento. A ningún listo de alto rango se le ocurrió, sin embargo,
prohibir los desplazamientos diurnos, con lo cual los bombar-
deos enemigos se hicieron más frecuentes: los drones ucranianos
podían seguir los movimientos de nuestros equipos, de modo
que, con cada desplazamiento de estos, la probabilidad de bom-
bardeo aumentaba, y finalmente casi todos ellos quedaron inuti-
lizados. Para remediarlo, nos prometieron enviarnos con pronti-
tud los BMP-1: ¡unos blindados diseñados sesenta años atrás!

A pesar de todas las promesas, no hubo suministro de unifor-
mes ni calzado de repuesto ni equipos ni ropa de abrigo. Tan
solo llegaron un par de cajas, llamadas «de ayuda humanitaria»,
con camisetas, calcetines, calzoncillos y jabón de mala calidad.
De los paquetes que enviaban los familiares o las esposas desde
Feodosia, algunos no llegaban, y los que sí llegaban no siempre
iban a parar a sus destinatarios, o llegaban abiertos. Aunque,
precisamente, gracias a aquellas remesas habíamos empezado a
alimentarnos de forma «adecuada»: de ellas obteníamos el té, el
café, bombones y conservas.

El Ejército de Ucrania intentaba lanzar una contraofensiva,
pero no lo estaba consiguiendo: las unidades aerotransportadas
y el 33.º Regimiento de Infantería Motorizada de Kamishin re-
sistían. Hubo quien se autolesionó adrede, disparándose en las
extremidades o poniéndose a tiro ante el fuego enemigo, para
cobrar la indemnización de tres millones y largarse de aquel in-
fierno. A uno de los nuestros, que cayó prisionero, le cortaron
los dedos y los genitales. En uno de los puestos de control rusos,
a los ucranianos muertos los colocaban sentados sobre los

asientos de los coches, les metían cigarrillos encendidos en la
boca y les ponían nombres.

La concentración de satélites que sobrevolaban nuestras posiciones debía de ser la más alta del mundo. Una niña de un
pueblo cercano perdió el talón del pie a causa de un bombardeo
ucraniano, y nuestros médicos la atendieron. Como consecuencia de los bombardeos, varias de las poblaciones vecinas prácticamente dejaron de existir.

La situación se recrudecía cada vez más. Una señora mayor
envenenó a varios de nuestros soldados, metiendo el veneno en
unas empanadillas. Casi todo el mundo tenía hongos en los pies,
a unos se les deshacían los dientes, a otros se les descamaba la
piel. Aunque yo sufría terribles dolores en la espalda y en las
piernas, llegó la disposición de no evacuar a nadie por enfermedad. Muchos comentaban que, cuando volvieran, pedirían cuen-
tas al mando por desabastecimiento y una dirección deficiente.
Algunos se quedaban dormidos a causa del cansancio durante la
guardia. A veces conseguíamos sintonizar alguna emisora ucraniana en la que nos cubrían de insultos y nos llamaban «orcos»,
algo que nos enfurecía todavía más. Algunos se dieron a la bebida consiguiendo alcohol vete a saber dónde. Empezó a correr el
rumor de que obtendríamos el mismo estatus jurídico que los
veteranos de la Gran Guerra Patriótica.

El grupo O del Ejército fue retirado de las inmediaciones de
Kiev, aparentemente como gesto de buena voluntad; habían comenzado las negociaciones de paz. A mí me parecía que todo
aquello era una tomadura de pelo: nadie retiraría todo un grupo
del Ejército así como así. Seguramente lo habrían hecho porque
las bajas eran descomunales. Después de la retirada del grupo O, la presión sobre nosotros aumentó. Nuestras posiciones
empezaron a ser atacadas con helicópteros y cazas ucranianos.
Si bien el regimiento trataba de resistir hasta el final, las bajas
iban en aumento.

Durante cada bombardeo, yo apretaba la cabeza contra el
suelo y pensaba una y otra vez: «¡Señor, si sobrevivo, prometo

hacer todo lo que esté en mi mano para cambiar esa situación!».
Ya entonces deseaba que todos los culpables del caos que reina-
ba en nuestras Fuerzas Armadas fuesen castigados. Quería que
la guerra acabara; tenía la esperanza de que los políticos final-
mente llegaran a un acuerdo.

Lo que estaba ocurriendo solo se podía comparar con lo que
había oído contar sobre la Gran Guerra Patriótica: también esa
vez parecía que el planeta entero estuviera en guerra. No tenía
miedo de morir; me daba mucha rabia perder la vida de manera
tan absurda, me daban pena las personas que ya habían dado su
vida y perdido su salud en aras de aquella mierda: ¿para qué?,
¿por quién? Me daba pena mi padre, que había servido toda su
vida en la 56.ª Brigada, en la que ahora servía yo, en la que había
pasado mi infancia y mi primera juventud. ¿Dónde estaba lo que
existía antes? ¡Cómo era posible haberse cargado aquella legen-
daria 56.ª Brigada que yo había conocido! Me daba rabia que les
importáramos una mierda a las élites: demostraban, de todas las
maneras posibles, que para ellos no éramos humanos sino sim-
ple ganado. Me daba rabia que ellos, antes de desencadenar
aquella guerra, hubiesen hecho todo lo posible por llevar nues-
tro Ejército a la ruina. Y durante cada bombardeo no paraba de
repetir: «¡Señor, si sobrevivo, prometo hacer todo lo que esté en
mi mano para cambiar esa situación!».

Ya entonces había tomado la decisión de escribir sobre el
último año de mi vida, para que la mayor cantidad posible de
personas supiera lo que era en realidad nuestro Ejército. El
Ejército que ellos habían ido destruyendo con mano segura
mientras todos nosotros callábamos y creíamos a pies juntillas
en su poderío, viendo los desfiles del 9 de mayo en la Plaza
Roja. El 9 de mayo lo celebramos dando gracias a nuestros
antepasados por haber puesto fin a la guerra; ¿cómo es posible
que nosotros, sus descendientes, seamos los que la hayamos
vuelto a desencadenar?

Hacia mediados de abril, de resultas de un bombardeo, me
entró tierra en un ojo y se me infectó. Había llevado las lentillas

durante dos meses sin quitármelas y se me había secado la córnea; la tierra no hizo más que agravar las cosas: tenía un principio de queratoconjuntivitis. Tras cinco días de tormento, a riesgo de perder el ojo, fui evacuado.

Si bien aquel infierno ya ha acabado para mí, sigo descorazonado por el hecho de que allí la gente continúe matándose y de que, con cada día que pasa, el odio arraigue de forma más profunda.

En mi relación de los acontecimientos, he tratado de referir, de la manera más honesta y fidedigna posible, los sucesos de los que fui partícipe y testigo, además de describir mis pensamientos y sentimientos de aquel momento. Mi objetivo es que mi relato sea una especie de confesión. No es mi propósito calumniar a nadie, adornar u ocultar los hechos. He descrito la guerra tal y como la viví.

Al regresar a Rusia, no doy crédito: está prohibido llamar *guerra* a la guerra. ¿En serio? ¿Y qué es, entonces, joder? La reciente ley que castiga «el descrédito a las Fuerzas Armadas de la Federación de Rusia» ¡va en contra de las mismas Fuerzas Armadas! ¿Y qué hay de aquellas muchas otras leyes cuya función es garantizar que yo, como ciudadano, no me sienta esclavo? ¡¿Las han abolido?!

Nuestro Gobierno ha encontrado una excelente manera de escurrir el bulto: prohibir, simplemente, hablar sobre el tema. Ahora, solo nos está permitido manifestar nuestras opiniones en clave positiva. Estoy convencido, sin embargo, de que el ocultamiento impide que algún día podamos hacer que las cosas mejoren. Hay que abordar los problemas, debatirlos y solucionarlos, en vez de silenciarlos y ocultarlos, agravando todavía más el estado real de las cosas.

A diferencia de muchos otros, sobreviví. Mi conciencia me dicta que tengo el deber de tratar de parar aquella locura. No sé de dónde vino ese pensamiento: «Señor, si sobrevivo, prometo que haré todo lo que pueda para detenerlo». Ahora me toca cumplir mi promesa...

Como ya he explicado, cuando volví de la guerra me hicieron unas curas para aliviar la infección ocular y me dieron vía libre para marcharme, haciendo caso omiso de mi cojera, provocada por los dolores en la espalda y en las piernas, y de la pérdida de visión que sufría en el ojo derecho, aun después de una intervención. Al someterme a una revisión –pagándola de mi bolsillo– en una clínica privada, supe que la causa de los dolores era una hernia secuestrada en la región lumbar, otra en el cuello y tres protrusiones. Me diagnosticaron varias dolencias: dorsopatías a causa de procesos degenerativos con distrofia en la columna vertebral, distrofia miotónica, astenia. Desde el punto de vista de nuestra medicina militar, aquel diagnóstico revelaba que yo estaba prácticamente sano, es decir, no necesitaba hospitalización. Pese a lo que prescribe la ordenanza correspondiente, no fui derivado a ningún centro de rehabilitación. Tuve que acudir al médico y comprar medicinas por mi cuenta.

Durante dos meses, intenté conseguir que el Ejército se hiciera cargo de mi tratamiento, para lo que acudí a la fiscalía, a la comandancia, al jefe del hospital, incluso le escribí al presidente. A todos les importó un pimiento, nadie me echó una mano. Ni con el pago de los seguros, ni con el tratamiento. Pedí que me trasladaran a otra unidad porque personas como yo, con ceguera parcial y problemas de espalda, no tenían cabida en las Fuerzas Aerotransportadas. Aunque, con el ejemplo de mi padre, ya sabía que mi insistencia en seguir en las filas pese a mis dolencias no sería debidamente apreciada por el mando; es decir, mis problemas eran solo míos.

Harto de todo aquello, después de una entrevista con el subcomandante de la división, tomé la decisión de someterme a un examen médico de aptitud y tramitar la baja definitiva por razones de salud. Presenté los documentos necesarios y pasé la revisión, pero durante todo el mes siguiente no hubo convocatoria del Tribunal Médico para decidir sobre mi caso. En consecuencia, el mando me denunció por rehuir el ejercicio de mis funciones y trasladó mi expediente a la fiscalía, para que esta incoara una causa penal contra mí, pasando por alto el hecho de que estuvieran saboteando la convocatoria del Tribunal. Era un procedimiento generalizado que se aplicaba para forzar a muchos a volver al frente.

El comisario político del batallón, el comandante Zchénnikov, un canalla y un alcohólico, fue quien estuvo a mi lado en la trinchera bajo el bombardeo enemigo durante el asalto fallido a Nikoláyev, cuando murió nuestro *combat*. Él es el que respondió, presa del pánico, a la pregunta de los combatientes sobre qué hacer: «Y yo qué coño sé, no soy *combat* para saberlo, ¡soy comisario político!». Más tarde se lesionó al volcar el UAZ en el que viajaba borracho. Seguramente, el parte médico oficial calificó aquella lesión como sufrida durante una acción de guerra. Finalmente, el mando lo envió a la retaguardia debido a su alcoholismo. Y después, ese «oficial» me denuncia valientemente por ausentarme del servicio, como venganza por mis intentos de hacer cumplir las normas, por las quejas contra él por su comportamiento, por mis reclamaciones infructuosas dirigidas al Ministerio de Defensa, a la Fiscalía General Militar y al presidente.

Yo había decidido darme de baja por razones de salud, pero la convocatoria del Tribunal se demoró más de un mes y, finalmente, se extravió mi expediente. Debido a la enorme falta de médicos, los pasillos del hospital, vetusto y destartalado, estaban atestados de heridos.

Al sentirse impune, Zchénnikov se vino arriba, llegando a decir en público que le tenía sin cuidado que el personal se quejara escribiendo cartas al presidente. Por lo visto, estaba seguro de que podía hacer y deshacer a su antojo. Por lo que parece, la gente como él ha recibido, por parte del mando, carta blanca para despachar de vuelta al frente, sea como sea, a la mayor cantidad posible de gente, aun sin previa instrucción y sin equipamiento. Cuando se topan con un soldadito que no sabe defenderse, lo insultan, lo humillan y lo acosan por negarse a volver a aquella guerra. Contra quienes oponen resistencia ante su acoso, simplemente incoan una causa criminal con cualquier excusa o buscan otro mecanismo de presión.

Vaya un Ejército este, en el que hostigan a sus propios soldados…: a los que ya han estado en la guerra; a los que no quieren volver allí a morir por una causa desconocida; a los que saben que las bajas son enormes y que a los familiares de los caídos se les niega la compensación económica prometida y que los heridos y los enfermos, en su mayoría, se quedan sin indemnización ni seguro médico. Vaya una guerra en la que a los que mandan les importa un carajo el abastecimiento de la tropa, lo que uno vaya a comer y beber; en la que incluso las remesas enviadas por familiares son objeto de saqueo; en la que, muy a menudo, la ayuda humanitaria no llega a la primera línea y lo mejor de ella se reparte entre los Estados Mayores, en la retaguardia.

Yo no creía que nada de esto fuera posible; pero, por lo visto, durante esta guerra han decidido sembrar Ucrania con nuestros cadáveres, y ya «las mujeres parirán a más bebés».[1] Mi regimiento se ha reducido a la mitad: algunos se han retirado por distintas razones, hay enfermos, heridos y muertos. Incluso hay quienes aún no han cobrado sus sueldos porque no existe ningún documento que certifique que estuvieron en la guerra y sus quejas ante el Ministerio de Defensa no obtienen ningún resultado. Tres hombres de mi compañía, tras ocho meses de servicio, previos a la guerra, ¡ni siquiera tenían su cartilla militar!

---

1. Una frase atribuida a Stalin, que respondió así ante las enormes bajas del Ejército Rojo en la Segunda Guerra Mundial.

Ahora están contratando por tres meses a civiles en el regimiento, a menudo mayores de cuarenta años, sin ninguna instrucción y sin equiparlos. Intentan tapar agujeros de esa manera. El legendario 56.° Regimiento se está convirtiendo en una milicia... Y de ser cierto el reciente rumor de que están reclutando a presos, estaríamos tocando fondo. Seguramente el tío Vasia* estaría horrorizado al ver en lo que se han convertido las VDV. En todo el país hay cientos de miles de hombres que hicieron el servicio militar en las Tropas Aerotransportadas, ¿se habrán olvidado de cómo el Estado dejó tirados a los paracaidistas que habían servido en Afganistán y en Chechenia? ¿O se habrán resignado? Lo que nos han hecho ahora en Ucrania es aún peor. A nosotros, que siempre hemos estado en la primera línea, el sistema corrupto nos ha dejado tirados.

Muchos tienen la impresión de que los de arriba, sencillamente, se han propuesto aniquilarnos, al emplear las VDV para lo que no están destinadas, y al someterlas a unas condiciones inhumanas. ¡Al menos no se les ocurrió hacernos desembarcar desde unos Ilyushin IL-76! No conozco a ningún paracaidista que se acobardara y huyera. Solo conozco a quienes no quieren volver a la guerra tras haber estado allí.

¿Acaso no es vergonzoso y de incompetentes lo que ha hecho el mando con las VDV? ¿Quién es aquí el traidor? ¿Yo o el mando que mira para otro lado para no perjudicar su carrera? ¿Alguien piensa que esta guerra se puede ganar así? ¡¿Para qué diablos la han montado?! ¿Quiénes son nuestros auténticos enemigos?

Es increíble lo poco o nada que le importan al Gobierno las personas que, arriesgando la vida y la salud, tienen que llevar a cabo sus propósitos incomprensibles.

---

* Apodo cariñoso de Vasili Filípovich Marguélov (1908-1990), comandante soviético, jefe de las Tropas Aerotransportadas entre 1954 y 1979. *(N. del A.)*

Abundan los «expertos», con frecuencia totalmente ajenos al sector militar, que se han manifestado a propósito de las causas que han provocado los «fracasos» de nuestro Ejército.

La causa principal del «fracaso» reside en que no tenemos el derecho moral de invadir otro país, y menos aún cuando se trata del pueblo hermano más cercano al ruso. La gran mayoría de la población de Rusia finge que no pasa nada y evita pensar en la guerra, mientras que el pueblo ucraniano ha consolidado su unión a raíz de la invasión, lo mismo que el pueblo soviético en 1941.

Por muy extremo que sea actualmente el odio mutuo entre los dos bandos, treinta años atrás formaban parte de la misma nación. Las raíces históricas de Rusia están en Kiev; rusos y ucranianos están unidos por fuertes lazos familiares. Fue precisamente por eso por lo que en Ucrania empezaron a odiarnos ya que la traición fratricida resulta especialmente dolorosa, más que la de cualquier extraño.

Fuimos separados por las fronteras nacionales y las posturas políticas enfrentadas de nuestros Gobiernos. Cuando empezó la invasión, muy pocos rusos creían en la existencia de nazis en Ucrania y, menos todavía, deseaban entrar en guerra. Ni odiábamos al pueblo ucraniano ni lo considerábamos enemigo. Muchos ciudadanos rusos siguen manteniendo la misma postura al respecto, por lo que deduzco al hablar con las personas de mi entorno.

La segunda causa del «fracaso» es la forma en que se puso en marcha la «operación especial»: el territorio ucraniano fue bombardeado a discreción con artillería, aviación y misiles… ¿Qué clase de recepción se puede esperar de la población civil si se despiertan en la madrugada del 24 de febrero con explosiones? El pueblo ucraniano, lo mismo que el ruso, sufrió la invasión nazi entre 1941 y 1945, y han sido educados con el ejemplo de la heroica lucha contra el fascismo de sus abuelos, de aquellos que, sacrificando su vida, salvaron al país. ¿Y qué imagen se formaron de nosotros el 24 de febrero? ¿Quién habría podido creer que, tras un comienzo como aquel, el pueblo ucraniano no se uniría contra el invasor? ¿O es que el verdadero plan consistía en sembrar el odio entre nosotros?

La tercera causa se halla en la extrema corrupción y el desorden que imperan en nuestras Fuerzas Armadas, en su declive moral y tecnológico. Durante veinte años se ha facilitado el acceso a las academias militares a cambio de sobornos y gracias al enchufismo. Muchos de los soldados honrados y con principios que servían en el Ejército acabaron por abandonarlo, conscientes de que es inútil luchar contra el sistema y de que, en caso de seguir en las filas, se verían obligados en todo momento a ocuparse en cualquier cosa menos en un entrenamiento militar real.

Actualmente, en el Ejército, para evitar problemas, uno debe hacer lo que le manden sin rechistar, aunque sea un total disparate. El reglamento militar, redactado para un Ejército del pasado, no ha sido adaptado a la realidad actual. Ascender en el escalafón solo es posible si uno tiene contactos y es leal al sistema. La organización de las academias militares y de la escala de mando está obsoleta. Ante estas críticas, seguramente habrá oficiales que piensen que qué voy a saber yo de todo esto si ni siquiera he estudiado en una academia militar. A ellos yo les respondería que, precisamente, mi visión de las cosas es más objetiva e imparcial porque no fui entrenado durante cinco años, como lo hacen en las academias, para obedecer cualquier orden. En cambio, he vivido mucho tiempo, desde niño, en un entorno militar, observando cómo está organizado por dentro, y ahora me doy cuenta, al igual que el resto del mundo, de que algo va mal en la organización del Ejército ruso.

Hasta ahora, a los oficiales se los sigue entrenando para mandar en un Ejército de reclutas, y no en uno profesional, compuesto por *kontráktnik*, que muy a menudo superan en edad a los mandos más jóvenes. El sistema de selección de perfiles para el servicio militar dista mucho de regirse por el sentido común; es una tarea ardua lograr ingresar en las filas, y más ardua todavía, darse de baja. Esa es la razón por la que mucha gente realmente interesada en la profesión militar opta por enrolarse en las compañías militares privadas.

El sueldo de un *kontráktnik* no es un sueldo digno. Solo resulta digno si uno proviene de las capas sociales más desfavorecidas. No debería sorprender a nadie que muchos rechacen ingresar en ese Ejército «profesional». En este contexto, ¿no es lógico acaso que algunos pierdan el control y pillen, como trofeo de guerra, un ordenador o una lavadora, si su sueldo no les alcanza para comprarlo?

Nuestros equipos y uniformes son incómodos y de baja calidad; lo demuestra el hecho de que la mayoría de los compañeros se tuviera que buscar la vida para procurarse por su cuenta uno propio de fabricación americana, europea o ucraniana. ¿Por qué no preguntar directamente al soldado sobre sus necesidades? Aunque, en caso de que se le pregunte, previamente hay que garantizarle que su sinceridad no será castigada por el mando...

¿Cómo es posible que manden en el Ejército quienes no han servido en él? ¿Cómo pueden identificar, entonces, sus verdaderos problemas y necesidades? ¿Hay alguna manera de que los *kontráktnik* auténticamente capaces y con iniciativa puedan progresar en el escalafón? ¡No la hay! Para llegar a jefe de compañía, después de salir del colegio hay que ingresar en la academia militar; luego, entrar en el Ejército como joven teniente a los veintiún años de edad, y después, pasar por un montón de círculos del infierno a base de burocracia, caos y humillaciones. Y más tarde, para acceder al cargo de subcomandante de batallón, vuelta a empezar; y así sucesivamente, una y otra vez. El sistema beneficia no a los más capaces, esforzados e inteligentes, sino a quienes se han sabido adaptar mejor a él. Cuanto más alto se asciende, más hay que mancharse las manos. Por eso, una enorme cantidad de oficiales deja el servicio por imposible y se va, mientras que los que han logrado finalmente llegar a un cargo alto callan, aferrándose con uñas y dientes a su puesto, y evitan protestar, porque ellos también han tenido que aguantar lo suyo para conseguirlo. Quizá no sean conscientes pero es, precisamente, gracias a su silencio por lo que el sistema se autodestruye.

En esas condiciones, la formación de colectivos sólidos y unidos se vuelve imposible. Todos los compañeros soñábamos con ser militares y recibir un entrenamiento real, y no con dedicarnos a tareas inútiles y absurdas, que es, al fin y al cabo, lo que hemos acabado haciendo. En nuestro país, millones de hombres han tenido que irse del Ejército: debido a la falta total de sentido común que impera en él, tuvieron que elegir entre obedecer callados o dejarlo.

Lo que hacemos ahora en el Ejército es tratar de ganarnos el favor de nuestros superiores, en lugar de mejorar nuestra capacidad combativa. Todos lo sabemos y, sin embargo, callamos. Tenemos prohibido airear los problemas; quien lo hace no es trigo limpio, es un traidor. El resultado es que seguimos hundiéndonos en el abismo de nuestra inacción.

¿Por qué volvemos a encontrarnos, como en 1941, sin estar preparados para hacer frente a la realidad bélica actual? Si alguien nos atacara ahora mismo, se perderían millones de vidas humanas. ¿Por qué no aprendemos nada de la historia? ¡¿Por qué, aun así, callan los millones de hombres que lo saben?!

En la realidad de la guerra moderna no existe la posibilidad de una victoria obtenida gracias a la superioridad numérica de una infantería apenas entrenada: la artillería y los MLRS triturarían fácilmente a semejante tropel. Está bien tener un arsenal de tanques, aviones, buques y misiles, por supuesto, pero no hay que perder de vista que, en gran parte, están obsoletos o su número es insuficiente, al tiempo que el complejo sistema de suministros de equipos nuevos funciona a trancas y barrancas. Buena parte de todo ese armamento solo está disponible en teoría.

Para vencer en la guerra moderna hace falta una infantería de asalto profesional, potente, móvil y disciplinada. La instrucción, el entrenamiento, la selección y una buena motivación son condiciones imprescindibles para su puesta en marcha. Para que esa clase de infantería sea posible, tiene que existir una comunicación de doble vía; es decir, el mando debe prestar oídos y dar una respuesta adecuada a los problemas y las necesidades expresadas por los escalafones inferiores, en lugar de fingir que se están ocupando de ello, y después asegurar que todo está bien.

De todo el tiempo que estuve en la guerra, no consigo recordar ni una sola vez en la que los oficiales llegaran al fondo de un problema o dieran ejemplo, guiando a sus soldados. Muchos de ellos se emborrachaban dentro de refugios bien acondicionados mientras los *kontráktnik* hacíamos el trabajo sucio. Justamente allí, señores oficiales, en el fragor de la batalla, es donde más falta hacen ustedes, en cuanto padres comandantes. Es precisamente ahí donde debieron ustedes haber demostrado su valía, en lugar de darse importancia durante el servicio cotidiano, ordenando formaciones inútiles y tareas menores, en el que, según ustedes, la mayor virtud de un soldado radica en lo bien afeitado que esté y en su capacidad de obedecer. Para los *kontráktnik* rasos de mi unidad, el único que revestía allí cierta autoridad era el *combat*, muerto en la batalla.

Con esto no quiero decir que todos los *kontráktnik* sean buenos y todos los oficiales sean malos. Pero, como mínimo, es sospechoso que ninguno de los soldados pueda decir algo positivo sobre la mayoría de los oficiales. Tampoco es normal que estos miren a los *kontráktnik* por encima del hombro y los traten con superioridad. ¿Acaso no fue esa la clase de conducta que provocó la histórica rebelión de los soldados y los marineros bajo la Bandera Roja? Dios nos libre de que eso vuelva a ocurrir.

En este momento, muchos de los que vuelven de la guerra se retiran del Ejército sin compartir su experiencia, aunque esta sea negativa. Y lo hacen porque, al volver, no consiguen las indemnizaciones que les corresponden ni el tratamiento médico necesario, lo cual les confirma que nadie tiene la intención de cambiar nada.

Todo el mundo sabe que muchas familias no han sido indemnizadas por la muerte de los suyos. A menudo, la persona figura como desaparecida en combate, y a las autoridades les es indiferente que se presenten testigos que afirmen haber visto cómo ha muerto. No siempre se condecora a quien lo merece, y al revés. Creo que nadie en nuestro regimiento fue condecorado, salvo a título póstumo. Oí decir que habían firmado el decreto para condecorarme con la medalla Zhúkov.[1] No la aceptaría porque no creo que haya hecho ningún mérito para ser distinguido con ella.

Después de salir del hospital y conseguir un teléfono y acceso a internet, me puse a devorar información con avidez.

Nuestros medios de comunicación federales, de forma parca y ocultando la verdad, contaban patrañas, hablando de alguna otra realidad que no tenía nada que ver con la que yo había conocido. En nuestro país hay un montón de personas que no saben nada de su historia, su geografía y su sistema político; personas que no han hecho nada por su país y, además, sin ganas de hacer nada, gente cuya indolencia ha sido una de las causas por las que estalló la guerra... Sin embargo, esa clase de «ciudadanos» a menudo también suelen dedicarse a hablar de política; proclaman que «lo pueden repetir»[2] (pues ve y repítelo, ¿por qué no estás en el frente de batalla?) o que «Navalni[3] es un maricón, seguro que es un agente de Occidente» (¡qué diablos nos importa de quién sea agente, cuando nos ha explicado con pelos y señales qué funcionarios robaron y cuánto robaron; nos robaron a ti y a mí, pero en vez de exigir a escala nacional que se llevara a cabo una investigación independiente

---

1. Guergui Konstantínovich Zhúkov (1896-1974), mariscal de campo, uno de los comandantes soviéticos más célebres de la Segunda Guerra Mundial.
2. Bravuconada muy extendida en Rusia, que se refiere a la posibilidad de repetir la gesta del Ejército Rojo en la Segunda Guerra Mundial.
3. Alekséi Navalni, político opositor ruso, actualmente encarcelado.

para castigarlos o absolverlos, no movimos un dedo). No queremos ser ciudadanos activos de nuestro propio país, nos comportamos como plebeyos... No es de extrañar, entonces, que gente sin principios haya usurpado el poder y lo haya convertido en un sistema absolutista, donde los plebeyos no están dispuestos a tomar decisiones ni a correr riesgos, donde los poderosos lo decidirán todo por ellos sin pedirles su opinión.

Mientras tanto, los blogueros y las estrellas de YouTube no dejan de repetir que les da vergüenza ser rusos y que se avergüenzan del Ejército de Putin... Vaya panda de guaperas, joder. Mientras nosotros estábamos en el frente, sin entender por qué ni para qué, soportando lo que quienes no han estado en la guerra no podrían ni imaginar, acabando muertos o mutilados, ¡nos llamaban el Ejército de Putin! No somos el Ejército de Putin, somos el Ejército de Rusia y juramos lealtad al pueblo ruso: tú, que tienes pasaporte de la Federación de Rusia, tú eres Rusia. Y si tú no has podido hacer acopio de valor e ir, junto con los demás, a exigir al Gobierno, votado por ti, que pare la guerra, tú también tienes las manos manchadas de sangre.

¿No decías que, en las elecciones, nada dependía de ti? ¿No fuiste a votar, ¿verdad? ¿Acaso no untabas a la Policía de tráfico para no pagar las multas? ¿No te compraste un título universitario? ¿De verdad no sabías que todas las instituciones del Estado estaban podridas? Todos nosotros, millones de ciudadanos, contemplamos con indiferencia durante todos esos años cómo nuestro país se iba a la ruina.

Rusia no es Putin, Rusia son las personas con pasaporte ruso. ¿Y tú dices que te damos vergüenza? ¡Somos nosotros los que nos avergonzamos de ti! ¿Dónde estabas mientras nosotros moríamos, sufríamos mutilaciones, padecíamos penurias? ¡¿Dónde?! Te daba miedo perder tus comodidades y por eso no saliste a la plaza para decir «No a la guerra», por no arriesgarte siquiera a ser multado con una simple falta administrativa.

Te voy a revelar un secreto: incluso muchos de los antidisturbios que acosan a la gente en las manifestaciones se niegan a ir a la guerra, para evitar que las mujeres y los ancianos les griten a la cara: «¡Invasores!». Muchos de ellos no quieren tomar partido. «No a la guerra»: estas son las palabras que, pronunciadas lo suficientemente alto, son capaces de detener lo que sea.

Tú, a salvo en tu casa o en el extranjero, te quejabas, diciendo una y otra vez que nosotros, «el Ejército de Putin», te hacíamos sentir vergüenza. Tus quejas difaman a todo un pueblo, del que también formas parte a ojos del mundo entero, si bien tienes derecho a tener tu propia opinión, de expresar tu postura. Créeme, en Occidente, ciudadanos como tú tampoco son bienvenidos. Deberías leer sobre cómo las sociedades occidentales construyeron sus democracias. Y tú ¿qué has hecho? ¡Huiste, anunciando a los cuatro vientos que el Ejército de tu país no era el tuyo, que te daban vergüenza la nación y el presidente, convertido en zar a causa de tu cobardía y tu inacción! Eres tú el que me da vergüenza, lo mismo que me avergüenzan nuestro mando incompetente, que solo piensa en salvar el pellejo, un Gobierno al que solo le importan sus propios intereses en detrimento de los del pueblo, y el presidente, que vive fuera de la realidad.

La mayor parte de los militares no quieren matar a nadie y, menos todavía, entrar en guerra, pero están sujetos a las leyes, al sentimiento del deber para con sus compañeros de servicio. Ninguno quiere ser considerado un cobarde: no podemos tirar las armas y salir corriendo; estamos condicionados por el sentimiento patriótico, el mismo sentimiento que emplea la propaganda para utilizarnos.

Todos nos hemos convertido en rehenes de muchas cosas: del patriotismo, de la venganza, del deber, del dinero, de nuestra carrera, del miedo al Estado.

Al regresar a Rusia, tuve que lidiar con una extraña mezcla de sentimientos contradictorios que pugnaban en mi interior. Estaba en contra de la guerra y compadecía al pueblo ucraniano; por otro lado, sentía deseos de volver al frente porque tenía la impresión de que el auténtico sentido de la vida solo se le revela a uno cuando está cerca de la muerte, cuando uno es consciente de que puede dejar de existir en cualquier momento. Solo entonces, según creía, uno puede comprender qué es la vida y lo bello que es este mundo. A esa clase de sentimientos se le añadía el de la vergüenza por estar a salvo mientras otros sacrificaban sus vidas.

Esto se nos ha ido de las manos. En lugar de anexionar la DNR y la LNR, hemos desencadenado una guerra terrible, en la que se destruyen ciudades, mueren niños, mujeres y ancianos. El Ejército ruso, por supuesto, ha dejado al descubierto frente al mundo entero todas sus taras; sin embargo, lo que ocurre hoy en día en Ucrania es un auténtico infierno: el Ejército ucraniano sufre no menos bajas que el ruso. En un país en el que muchos rusos tienen familiares, mueren diariamente civiles y militares de ambos bandos.

Sin lugar a duda, la culpa principal de todo ello recae en Rusia, por desencadenar las hostilidades. Sin embargo, creo que los ucranianos también tienen su parte de responsabilidad: no pararon los pies a los fanáticos que vociferaban que Ucrania llevaba ocho años librando una guerra contra Rusia (lo mismo que ahora la propaganda rusa vocifera que estamos en guerra contra la OTAN), ni a aquellos que pretendían desfilar en la Plaza Roja una vez que Moscú fuera vencida. No hay que olvidar que, en Ucrania, muchas consignas presentaban a los rusos como a personas de segunda. A su vez, nuestros propios fanáticos se montaron en la ola de la propaganda ucraniana y desencadenaron la guerra. Ahora todos somos rehenes de esta locura. Nosotros, dos pueblos eslavos hermanos, hemos perdido la razón y nos odiamos y aniquilamos mutuamente. Nosotros, dos de los pueblos vencedores del fascismo, nos hemos convertido en fascistas, mientras el resto de los países contempla, en silencio, preocupado por su propia seguridad. Y luego existe toda una serie de demonios que disfrutan ante el espectáculo de nuestra mutua destrucción.

La historia milenaria de la humanidad enseña que las guerras no tienen sentido, pero no hay manera de que lo comprendamos. Aunque mi propuesta pueda parecerles delirante a muchas personas, solo hay un modo de parar todo esto.

Ambos pueblos, el ucraniano y el ruso, son cristianos ortodoxos, así que debemos a empezar a perdonarnos los unos a los otros. El deseo de venganza y el odio mutuo no harán más que agravar la situación con cada día que pase. Si, justamente como pueblos, no podemos tender puentes en aras de la reconciliación, sencillamente nos aniquilaremos mutuamente. Dicen que los ucranianos torturan y castran a nuestros prisioneros; los rusos bombardean ciudades con misiles, matando a mujeres y niños. Mientras, la propaganda de ambos bandos solo echa más leña al fuego, incitando sin disimular a que nos matemos entre nosotros...

Abrid los ojos: somos humanos, somos cristianos, no somos distintos, no somos enemigos. Nos han azuzado como a perros para que nos enzarcemos en una guerra, y nosotros, al oler la sangre, no sabemos parar.

¿Dónde diablos quedan, en medio de todo esto, nuestras respectivas Iglesias ortodoxas? La menor crítica a la Iglesia se considera como un insulto a los sentimientos religiosos de los creyentes, pero ¿qué hay de todos esos creyentes ahora? ¿Han olvidado de repente los mandamientos cristianos? Estamos violando los más esenciales: ¡nos odiamos y nos aniquilamos mutuamente! ¿Cómo, después de todo, seguir teniendo fe en la iglesia? ¡Recibimos su bendición para matarnos entre nosotros!

Si las personas no elevan su voz contra la guerra, no me sorprenderá que se lleguen a emplear armas nucleares. Todo está en manos de nuestros pueblos, no en las de nuestros Gobiernos. Los Gobiernos representan a los pueblos; hasta que estos no den a entender claramente a aquellos que no quieren la guerra, la aniquilación mutua continuará.

He conocido a muchísima gente corriente que está en contra
de la guerra y a unos pocos que argumentan que tal vez Rusia no
tuviese otra opción que la bélica. Pero no he conocido a nadie
que dijera que tenía ganas de ir a matar. Entonces, ¿por qué con-
tinúa la guerra? No estoy llamando a las barricadas: eso com-
portaría aún más derramamiento de sangre. Ahora es el momento de decir la verdad, y la verdad es que la mayoría, tanto en
Rusia como en Ucrania, no quieren matarse entre ellos. Cuanto
más tiempo permanezca callada esa mayoría, mayor será el número de personas inocentes que caigan, víctimas de la guerra.

Con cada nuevo día de esa locura aumentan las muertes en
ambos bandos, lo mismo que el odio mutuo a causa de esas
muertes.

Posiblemente muchos no entiendan esto, pero las personas
que no arriesgan sus vidas en la guerra no deberían tener derecho a comenzarla: ponen en marcha un mecanismo que es muy
complicado de parar después. ¿Quién tiene el derecho moral a
desencadenar una guerra que costará miles de vidas de ciudadanos de los países en conflicto?

No veo que estén en las trincheras los hijos de Skabéyeva,[1]
Soloviov, Kisiliov, Rogozin, Lavrov, Medvédev. En cambio, no
dejo de oír un llamamiento a la guerra por boca de todos ellos.
¿Se ha alistado alguno de los hijos de los diputados de la Duma?
¿No están en la guerra porque superan en talento e inteligencia
a los hijos de los campesinos y de los obreros? ¿O es que sus
padres simplemente quieren ahorrarles la suerte que corremos
quienes vamos al frente para ganarnos el pan? Reclamar a voz
en grito que se envíe a personas corrientes a la muerte únicamente por el interés de quienes mandan y viven fuera de la
realidad.

1. Olga Skabéyeva, presentadora de televisión, propagandista rusa;
Vladímir Soloviov, presentador de televisión, propagandista ruso; Dmitri
Kisiliov, presentador de televisión, propagandista ruso; Dmitri Rogozin,
político ruso; Serguéi Lavrov, ministro de Exteriores ruso.

Los miembros de esa nueva aristocracia solo saben enviar a sus hijos a estudiar y a sus amantes a vivir en Occidente, obtener allí la doble nacionalidad y dirimir sus intereses comerciales en tribunales realmente imparciales de Europa y Estados Unidos. ¡Ellos sí quieren disfrutar de las ventajas de Occidente! Al mismo tiempo, son incapaces de crear nada similar en Rusia, ¡se dedican a saquearla pensando solo en sí mismos! Las reformas e iniciativas que se han emprendido en el país a lo largo de las últimas décadas solo han contribuido a que se enriquezcan quienes tenían acceso a las arcas del Estado.

La población rusa está envejeciendo de forma imparable. Pese a la enorme cantidad de personas ancianas y enfermas en el país, el Gobierno decide desencadenar una guerra en la que morirán hombres jóvenes y sanos que han confiado en la propaganda. ¡Me dan vergüenza los oficiales y comandantes que han cambiado su honradez por la pensión, el rango y los honores!

Gracias a Dios, no conseguí en su momento ingresar en la academia militar. Casi todo el mundo sabe que, desde el año 2000, aceptan sobornos para entrar. ¡Esa es la generación de oficiales que tenemos! Pocos oficiales quedan que sean capaces de infundir valor en sus soldados para conducirlos a la batalla. Tan pocos como los que arriesgarían su vida por la de un soldado, cuando cualquier soldado estaría dispuesto a arriesgar la vida por salvarlos a ellos. Señores oficiales, no están en el Ejército para hacer papeleo y hacerle la pelota al mando de turno. ¡Cada uno de ustedes debe ser el comandante al que siga la tropa!

Nosotros, los *kontráktnik* rasos, hemos oído decir muchas veces que somos gente de segunda. Jamás se me olvidarán las formaciones nocturnas en la plaza de armas, en las que el oficial de turno soltaba cosas como esta: «Un soldado hijo de puta violó a vuestra abuela. Dios os libre de imitarlo». «¡Pero ¿qué coño estás diciendo?!», pensaba yo al escucharlo. Es cierto que la mayoría de nosotros no tenemos una buena educación y que muchos provenimos de familias disfuncionales, pero eso no les confiere a los oficiales el derecho a comportarse con arrogancia y, menos aún, a mandar a las personas a la batalla, quedándose a salvo de todo riesgo. ¡Cobran muchísimo más que los *kontráktnik* rasos y encima son los que reciben condecoraciones! ¿Qué les ha pasado, señores oficiales? ¿Qué se les enseña hoy en día en las academias militares? ¿Qué hay del legado de Suvórov?[1] En vez de contribuir a unir al grupo, la mayoría de ustedes aplica el principio de «divide y vencerás», fatal para la supervivencia de la tropa.

¡Me provoca vergüenza el Gobierno de cualquier grado, desde uno local hasta el de la nación!

¡Me provocan vergüenza los maestros de escuela que contribuyeron a falsificar las elecciones!

¡Me provocan vergüenza los médicos que acabaron con la sanidad pública buscando su propio beneficio!

¡Me provoca vergüenza la Policía, que se hunde en la corrupción!

Cuando uno realmente necesita de la ayuda y la protección de la Policía, a menudo acaba muy frustrado, y no dudo de que la mayoría de los agentes entraron en el cuerpo para servir a la ciudadanía.

¿Por qué nuestros juzgados han llegado a ser el emblema de la injusticia? No me cabe en la cabeza que los magistrados hayan escogido su oficio exclusivamente para lucrarse en vez de para administrar justicia. Me cuesta creer que los funcionarios de la fiscalía entraran a trabajar allí persiguiendo cualquier otro objetivo que no fuera salvaguardar la ley por el interés ciudadano. ¡¿Por qué, entre los diputados de la Duma, no hay ningún representante del pueblo?!

Me provoca vergüenza nuestro pueblo, que deja de encarar todos esos problemas, con la esperanza de que no lo afecten

---

1. Aleksandr Vasílievich Suvórov (1729-1800), célebre jefe militar ruso, generalísimo.

directamente. ¿Es que no os dais cuenta aún de que nos afectan a todos? Año tras año, se nos va esclavizando de forma cada vez más despiadada. Si no quieres, te obligan; si no estás de acuerdo, eres coaccionado; si no te gusta, vas a la cárcel.

¡Me provoco vergüenza yo mismo, porque no puedo poner remedio a todo eso o porque no sé cómo hacerlo!

Pero la situación más terrible es la que vive la institución más importante del Estado: el Ejército. No existe ningún país creado sin la participación del Ejército. ¡Un país es su Ejército! ¡El Ejército es la personificación del pueblo! Los integrantes del Ejército son los que, arriesgando la vida, tendrán que defender las fronteras del país en caso de una agresión extranjera. Ninguno de nosotros quiere ser invasor, los ideales con los que nos criamos son otros. Todos nosotros quisimos ser defensores de la patria y se nos educó en el ejemplo glorioso de nuestros antepasados, que habían derrotado el fascismo que pretendía someter a nuestro país. ¡Y ahora los invasores somos nosotros!

En Rusia, el Ejército ha colapsado. La mayoría de los que tienen peso, poder y dinero dentro del sistema actual, evitan que sus hijos hagan el servicio militar. Y si los padres están en contra de que sus hijos sirvan en el Ejército, la cosa está muy mal. Me resulta muy sospechoso que, mientras se lleva a la ruina al Ejército de forma sistemática, la televisión trate de convencer a la población de lo contrario, a pesar de que millones de hombres que han hecho el servicio militar conocen y han visto con sus propios ojos cuál es la situación real de las Fuerzas Armadas. Al mismo tiempo, pregonan la idea de que nuestros enemigos principales son la OTAN y Ucrania. Y cuando nuestro Ejército ha colapsado definitivamente, se ha desencadenado una guerra de verdad.

Incluso si, dentro de mucho tiempo, lográramos conquistar toda Ucrania, ¿de qué nos serviría? ¿Acaso es poco el territorio que nos dejaron en herencia nuestros antepasados? ¿A cuántos millones de personas estamos dispuestos a aniquilar? ¿Y qué país miserable nos quedaría tras la conquista?

Ciudadanos, ¿qué os pasa? ¡Despertad! No comprendo qué está ocurriendo, por qué todo está al revés, cómo hemos ido a parar a esta situación. Tal vez del mismo modo en que, hace dos años, todo el mundo se resignó a llevar la mascarilla, aun sabiendo lo inútil que era llevarla, porque nos obligaron a hacerlo. Ahora, de pronto, la COVID-19 ha desaparecido de la agenda del Gobierno ruso.

Lo que estamos haciendo ahora es acabar de destruir nuestro Ejército, ya de por sí maltrecho. ¿Realmente creéis que, una vez esté desangrado, una milicia popular, armada de cualquier manera, sin equipos, podrá hacer frente a los modernos Ejércitos de China, Estados Unidos y la Unión Europea, si llegaran a atacar? No, señor. Cuando nuestro Ejército se debilite aún más por nuestra propia indiferencia, vendrá un Ejército invasor al que no podremos rechazar con horcas y escopetas. Y más tarde, cuando nuestro pueblo esté extenuado a causa de la guerra y la miseria, cuando haya entendido otra vez lo horrible que es la guerra, cuando pasemos hambre y el Estado se declare en bancarrota, cuando los funcionarios vuelvan a dejar de cobrar sus sueldos, entonces nos daremos cuenta de todo, pero ya será tarde para cambiar nada. Rusia se desintegrará sola, y entonces llegarán unos «hombres buenos» provenientes de Occidente –una especie de hombre del saco para los niños de Rusia y de China– para tender una mano amiga a cambio de tierras y recursos… Cuando el pueblo, exhausto, vuelva a no tener nada que comer, cuando no sea capaz de reunir un Ejército, entonces se olvidará de todas sus ambiciones imperiales y estará dispuesto a aceptar cualquier condición. Ningún imperio perdura, todos se desintegran antes o después, y el nuestro, ahora mismo, sigue el camino de Bizancio… No necesitamos ningún imperio, lo que nos hace falta a todos es un país normal, libre, justo y moderno. Donde se pueda vivir, progresar, trabajar y amar.

Creo en Dios, pero no veo a Dios en nuestra Iglesia, que ha olvidado el mandamiento más importante, «no matarás», y que nos da su bendición para asesinar a nuestros hermanos cristianos. Todavía me cuesta creer que eso sea posible. No quiero ser Kochubéi, quiero ser Peresvet.[1] Mi corazón, mi conciencia y mi educación me dictan que solo se puede matar para salvar vidas o para defender mi país del invasor.

¿Para qué diablos me enviasteis a Ucrania? ¿Por qué diablos, después de malograr mi salud y manifestar mi deseo de retirarme, queréis encarcelarme, privándome de mis derechos como militar? ¿Por qué? ¿Por el hecho de que, para mí, la guerra de Ucrania carezca de sentido? ¿Porque ya no me queda salud para seguir cumpliendo allí vuestras órdenes delirantes? ¿Por mis intentos de hacer justicia presentando quejas en la página web oficial del presidente y del Ministerio de Defensa, en las que acuso a los mandos de estar preocupados únicamente por enviar a la guerra a la mayor cantidad posible de personas y por ganarse el favor de sus superiores para sumar otra estrella a sus hombreras?

Un teniente coronel de las VDV, antiguo amigo de mi padre, me dijo en una ocasión: «Pasha, yo soy un grano de arena dentro de este sistema, y tú eres una mota de polvo». Aunque yo sea una mota y mi destino pase por pudrirme en una «maravillosa» cárcel rusa, ¡no pienso callarme! Mi conciencia me dice que actúo de forma correcta, ¡y me revuelvo contra este sistema corrupto!

Fui educado en el ejemplo de las victorias militares rusas y de la historia gloriosa de nuestros antepasados. Acepté una y otra vez la posibilidad de morir en combate. ¿Y qué pasa ahora? Están intentando hacerme quedar como un traidor y me acusan porque digo lo que pienso, porque rechazo servir en un Ejército como el nuestro y porque no le veo ningún sentido a la guerra

---

1. Kochubéi, mongol, y Peresvet, ruso, se enfrentaron, según la leyenda, en la batalla de Kulikovo el 8 de septiembre de 1380, matándose mutuamente.

que se libra contra Ucrania. ¡Me llevaron engañado a una guerra fratricida y ahora quieren encarcelarme!

No puedo hacer nada ahora, salvo escribir todo lo que se me fue acumulando en el alma mientras permanecí en aquel infierno. Para mí, Dios no está en la Iglesia; está dentro de mí, en mi conciencia, que es la que guía mis actos.

¿Cuántas personas han perdido la vida ya? ¿A cuenta de qué? ¡Se han echado a perder ya, de un modo inútil, tantos hombres dispuestos a sacrificarse! Lo único que se ha logrado de un tiempo a esta parte es adiestrar a la perfección a las personas para convertirlas en esclavos del sistema. Todo un pueblo, extraordinario e ilustrado, dueño de un país riquísimo y respetado en el mundo entero, ha sido convertido en un rebaño de esclavos faltos de voluntad. ¡Todo lo que han hecho ha sido saquear, dividir y atontar a un gran pueblo!

Una gran masa de gente dentro del país, sin embargo, mantiene la astuta postura de quien permanece a la espera, como si no fuera con ellos, «mi casa está en las afueras, yo no sé nada».[1] Están descontentos con la situación y saben que va a ir a peor, pero no hacen nada, dejan que sean otros quienes se muevan, mientras aguardan para ver quién saldrá victorioso: los idiotas a quienes les da vergüenza ser rusos o los exaltados con la letra Z en el parabrisas. Entonces, se unirán al bando vencedor. Esa clase de «ciudadanos» suele justificar su pasividad argumentando que nada depende de ellos o que tienen familia, hijos. Precisamente por eso deberían preocuparse, ¡porque tienen hijos! ¿O es que quieren que estos vivan en un país tan surrealista como la Rusia actual? No comprendo su actitud. ¿Qué futuro quieren para sus hijos? ¡Año tras año, el país se va hundiendo cada vez más rápido hacia el fondo!

Tal y como yo lo veo, o bien nuestros gobernantes son una panda de incompetentes totales o ellos son los verdaderos «agentes de Occidente» cuyo objetivo es destruir el país. Mi novela

1. Dicho ruso.

favorita es *El Don apacible*.[1] No me gustaría en absoluto que se repitiera la historia que narra ese libro, pero los de arriba hacen todo lo posible para que ocurra. Aunque la gran mayoría está descontenta con lo que sucede, todos sienten miedo, los han maniatado y les han tapado la boca. Y a menudo son los mismos que están descontentos quienes, por las vicisitudes del destino, acaban trabajando en el aparato represor del Estado.

¿Y qué hay de nuestros servicios secretos? Los que trabajan allí fueron educados en los mismos valores que todos nosotros, nos criamos de forma parecida. ¿Por qué todos los que están descontentos con algo y plantean públicamente el problema de que el país está empantanado en la injusticia son declarados agentes de Occidente y enemigos del pueblo?

Hace mucho tiempo, para ampliar mi cultura general, leí el *Bhagavad Gita*,[2] y ahora pienso que el período de Kali-yuga, que significa «era de riña e hipocresía», anunciado en ese libro, es lo que estamos atravesando. Un gran país sufre el lastre de la mentira, el engaño, el robo y la tergiversación de los valores. Grandes extensiones de terreno permanecen desiertas, el entorno natural se destruye, la economía se desmorona, el pueblo se envilece debido a la miseria, los corruptos y las personas sin principios acaparan la riqueza. Todos los sectores estatales están en decadencia: la defensa, la sanidad, la educación, la justicia, la agricultura, la industria, la industria aeroespacial, la industria armamentística, el deporte, la cultura; la política migratoria irresponsable del Gobierno provoca conflictos sociales y laborales... Y todo eso no lo sé por internet, es lo que veo diariamente por todas partes. Han convertido a un pueblo vencedor en el invasor y el asaltante. Por lo visto, ahora al pueblo le toca pagar las consecuencias de su indolencia e inacción.

1. La célebre novela de Mijaíl Shólojov, premio Nobel de literatura, que describe la guerra civil rusa (1918-1921).
2. Texto clásico hinduista.

En nuestro país, los que ostentan el poder no han hecho el servicio militar ni entienden qué significa estar dispuesto a dar la vida y a sacrificar la salud por la nación, a cambio de un sueldo miserable. No entienden lo que es vivir con entre treinta y cincuenta mil rublos al mes, poder permitirse pocas cosas, y, aun así, seguir siendo patriota. Quizá el sentimiento patriótico se haya extinguido hace tiempo entre la población, pero cuando uno está en la guerra, se acuerda de los antepasados ilustres que vencieron a las grandes potencias militares del momento: el Imperio mongol, la Francia de Napoleón y la Alemania de Hitler. Uno se acuerda de sus antepasados ilustres, que sacrificaron sus vidas para que nosotros viviéramos en el país más extenso del mundo y el más rico en recursos naturales.

No hace mucho se nos consideraba la nación más ilustrada del mundo, la mayor potencia militar del planeta y una de las civilizaciones más grandes de la historia. ¿Por qué, entonces, en este país, que también es el mío, los veteranos de guerra mueren en la miseria, por qué hemos olvidado quiénes somos? ¿Por qué todo el mundo se ríe de nosotros, por qué nos odian? ¿Por qué hemos caído tan bajo en todas las esferas de la vida? ¿Por qué estamos en Ucrania con armas en las manos? Nuestras raíces están en Kiev, de la que, hace mil años, salieron nuestros antepasados para crear nuestro gran país. ¿Por qué mis compañeros y yo tenemos que morir ahora, lo mismo que otros miles murieron antes que nosotros en Afganistán, Chechenia, Daguestán, Yugoslavia, Karabaj, Georgia, Siria y tantos otros sitios? Y, cuando estemos muertos, la inmensa mayoría de la población ni se acordará de nosotros. Así, dejará de haber hombres dispuestos a entregar por su país lo más valioso que tienen: la vida y la salud.

Después de todos estos años, estoy tan harto de contemplar la locura en la que está inmerso el país –y que se intensifica–, que ya me da igual lo que me pase. Que me sentencien a cadena perpetua, no tengo ganas de ver nada más.

¡No soy un esclavo! ¡No soy un cobarde! ¡Soy patriota! Me da pena lo que he vivido. Me da pena el pueblo ucraniano, ¡mi pueblo hermano! Pero aún más pena me da el pueblo ruso, utilizado por gente sin principios que está arruinando el país más grande del mundo. Mi tatarabuelo, que había luchado por ese país, fue declarado *kulak* y desterrado a Siberia; mi padre murió prematuramente porque había perdido la salud sirviendo a ese país, sin haber recibido una asistencia médica en condiciones. Y yo, lo mismo que muchos otros que han vuelto de la guerra de Ucrania, también estoy desatendido y me veo obligado a buscar asistencia médica y a comprar medicinas pagando de mi propio bolsillo. ¿Todavía queda alguien que crea en la justicia y las garantías sociales dentro de Rusia?

Soy consciente de que, por todo lo que he escrito en este libro, el sistema mancillará mi nombre y me encerrará para siempre en la prisión más alejada. Pero no puedo callarme: no soy un cobarde, nunca lo he sido. No me gusta lo que ocurre en mi país. Si yo, al volver de la guerra, no tengo derecho a decir: «¡No a la guerra!», entonces ¿quién lo tiene? ¿Nadie? ¿No es esto una señal de que la esclavitud ha vuelto a imperar en el país? Si yo no tengo siquiera derecho a decir: «¡No a la guerra!», ¿quién tiene derecho de comenzarla?

Fui educado siguiendo el ejemplo heroico del pueblo ruso, que había luchado contra los invasores. Ni en el colegio, ni en casa, ni en la escuela militar, ni en el Ejército me enseñaron a ser invasor. ¡Nosotros, los rusos, no somos asesinos de niños, mujeres y ancianos! Están intentando hacer de nosotros una especie de miembros del Dáesh. La mayoría de los soldados rusos que están ahora en el frente de Ucrania fueron a parar allí víctimas del engaño, el chantaje y la necesidad. El sistema está montado de tal manera que muchos de los militares, aunque quieran, no pueden dejar el servicio: porque tienen una hipoteca, por no perder la jubilación o porque, simplemente, no tienen dinero. Los hay que no quieren pasar por cobardes, pero realmente hay muy pocos, entre los que combaten, que lo hagan por motivos ideológicos. La mayoría no quiere luchar en esta guerra y no son idiotas que se creen que hay nazis y tienen ganas de matar. Allí, en el frente, la mayoría de los combatientes son gente normal, gente como vosotros, gente que quiere paz y que quiere volver a casa con su familia y amigos. Al igual que los combatientes ucranianos, no quieren morir, y tampoco quieren matar.

Por supuesto, no puedo poner la mano en el fuego por todo el Ejército, pero yo, personalmente, no conozco ningún caso de tortura a ucranianos en mi entorno. Los medios de comunicación ucranianos denunciaron públicamente que a uno de los hombres de mi regimiento su mujer lo había autorizado a violar a mujeres. Cometió la imprudencia de llamar a su mujer desde el frente. Los medios interceptaron la conversación, la grabaron y la manipularon para que pareciera que ella, entre risas, le daba permiso para violar. Eso es mentira. Aquel tío estuvo casi todo el tiempo cerca de mí, y en los lugares donde estuvimos no había presencia femenina. ¿A quién pudo haber violado allí? ¿Dónde? ¿Dentro de la columna? ¿En las trincheras? ¿En Jersón, en cuyas calles casi no había nadie durante el asalto? En todos los sitios donde estuvimos, casi no nos cruzamos con ningún civil, y si nos topamos con alguno, la mayoría de las veces optaban por mantenerse alejados. En todo caso, si alguno de los nuestros hubiese intentado violar a alguien, sus propios compañeros le habríamos disparado en una pierna. Así que el caso que nos ocupa es una falsedad descarada, una manipulación total, y aquella grabación fue alterada.

Los medios de comunicación de ambos bandos lanzan mentiras, con el objetivo de que nos matemos mutuamente con cada vez mayor grado de encarnizamiento, mientras que nosotros, como idiotas, nos creemos todo lo que dicen y nos exaltamos con cada nueva porción de mierda que nos echan encima, difundiéndola por todas partes.

Insisto en que yo, por supuesto, no puedo poner la mano en el fuego por todo nuestro Ejército. Lo mismo que cualquier miembro del Ejército ucraniano con un mínimo de sentido común no lo podría hacer por el suyo. No cabe duda de que, dentro del Ejército ucraniano, hubo también quien cayó en la tentación de saquear los comercios y considerar su botín como un trofeo de guerra.

Lo más terrible es que, bajo el fuego de artillería, aviación y misiles, mueran niños. ¡Nuestros niños eslavos! ¡En el mundo, nosotros, los eslavos, ya de por sí somos muy pocos! ¿Acaso creéis que el soldado ruso es malo y apunta sus cañones contra los niños a propósito? A quien dispara le proporcionan unas coordenadas, la persona no tiene ni idea de adónde dispara, le han dicho que allí está el enemigo. Desde luego, no es ninguna excusa, pero, no es cierto que todos sean unos sádicos y unos asesinos. El enemigo principal de los rusos y los ucranianos es la propaganda que alienta el odio en las personas.

No pretendo justificar a nadie, pero si no detenemos esa mutua aniquilación, esa locura que nos venda los ojos con el odio vertido por la propaganda desatada, si nosotros, los eslavos, no nos serenamos, dejaremos de existir: sencillamente, no habrá más Ucrania ni más Rusia.

El odio y el asesinato nos acabarán aniquilando. Debemos tendernos la mano.

Yo combatí en Ucrania. No puedo hacer que nuestro Ejército se retire a casa, pero puedo contar mi experiencia, compartir mis ideas acerca de mi participación en la contienda y llamar a mis conciudadanos a dejar de hacer la guerra para dedicarse a trabajar por el país, que tantos problemas padece.

No es lo mismo apoyar al Gobierno en su decisión de comenzar la guerra que apoyar al Ejército que tiene que ejecutarla. Decir que es lo mismo es una estupidez. A pesar de todas las injusticias que he sufrido, sigo amando a mi Ejército y no olvidaré la muerte de mis compañeros, jóvenes en su mayoría, que estuvieron dispuestos a sacrificarse por su país.

En cierto sentido, podría incluso llegar a justificar al Gobierno, que vive fuera de la realidad porque el pueblo tiene miedo y evita manifestar su postura, tener influencia política. Es una especie de círculo vicioso en el que todos somos culpables. Pero tenemos que aprender la lección. ¿Qué hay de la amplitud de la dichosa alma rusa? ¿Qué hay de nuestra tan celebrada nobleza y de nuestro espíritu? No puedo creer que hayamos vuelto a convertirnos en siervos cuando nuestros antepasados vertieron su propia sangre por la causa de la libertad.

Posiblemente no cambie nada, pero me niego a participar en esa locura. Estaría éticamente más justificado si hubiese sido Ucrania la que nos hubiera atacado, pero la verdad es que la invadimos nosotros. Los ucranianos no nos habían llamado para que fuéramos a «liberarlos».

Publico este libro estando en Rusia. Una y otra vez vuelvo en mis pensamientos a aquellos dos meses en Ucrania, a la reflexión en torno a qué hice allí y para qué lo hice. Y una y otra vez resuena en mi cabeza la canción *Wrong Side of Heaven* de la banda Five Finger Death Punch (no dejéis de escucharla). Me imagino el Juicio Final, el más justo de todos, y comprendo que no quiero estar «en el lado equivocado del Paraíso, el lado correcto del Infierno». Entre la responsabilidad penal ante la Corte de la Federación de Rusia y el juicio de Dios, mi elección es obvia. Aunque el Gobierno ruso me califique de cobarde y traidor, aunque me persigan el resto de mi vida, no quiero encontrarme ante Dios explicándole que, aun sabiendo la verdad, continué participando en la guerra porque tenía miedo a ser penalizado.

Soy consciente de que este libro, este gesto de paz, me costará caro, pero soy incapaz de callar mi conciencia. Lo más seguro es que el «justo» Tribunal ruso me sentencie a cadena perpetua. Mentirán, diciendo que soy un vendido o un agente de Occidente. Pero no puedo seguir callado viendo lo que está ocurriendo.

No sentí miedo mientras estuve en la guerra de Ucrania. Lo que sentí fue una pena inmensa por no poder cambiar nada. Pero, por alguna razón, sí siento miedo de publicar este texto en mi país, de decir en voz alta lo que pienso, porque aquí ya no se puede decir la verdad ni luchar por los derechos legales de uno. Lo único que sí se puede hacer es ir a morir en una guerra, en aras de unos objetivos que siguen sin aclararse, o sobrevivir aguantando la situación por el bien del país, cuyo futuro feliz se nos va escapando, sin pausa, cada vez más lejos.

¡¡¡NO A LA GUERRA!!!

Epílogo

Estuve escribiendo este libro durante unos cuarenta y cinco días, en la aplicación de «Notas» del teléfono. Durante todo ese tiempo, pasé distintas revisiones médicas para tramitar mi baja del Ejército. Planeé retirarme primero y, solo después, publicar el libro en ruso, a través de internet, con acceso libre. Publicarlo antes de retirarme era arriesgarme demasiado, ya que, según las últimas enmiendas legales, los militares en activo teníamos prohibido publicar la información sobre nuestro servicio, de modo que habría sido denunciado tanto ante el Tribunal Civil como ante el Tribunal Militar.

No me dio tiempo a cumplir con mi plan: a mediados de julio, el mando se negó a tramitar mi baja y procedió a chantajearme. Mi expediente médico se extravió, y me insinuaron que o bien volvía a la guerra en Ucrania, o bien amañarían una causa contra mí en la fiscalía.

Sinceramente, habría sido más ventajoso y seguro para mí volver a la guerra. Pero era consciente de su falta de sentido, me sentía desesperado a causa de la injusticia generalizada imperante en Rusia, también sentía el deber y el deseo de cumplir la promesa dada ante Dios, y decidí publicar el libro cuanto antes.

Mi objetivo era hacer pública mi historia, llegar al mayor número de personas posible, para luego presentarme en la Fiscalía General Militar, en compañía de periodistas y defensores de los derechos humanos e intentar, con una base totalmente legal, defender mis derechos y obtener una respuesta oficial acorde. Envié el texto del libro a todos los medios de comunicación opuestos al Gobierno, y también a muchos blogueros rusos. El primero en contestarme fue Vladímir Oséchkin, el fundador del proyecto social Gulagu.net y director de la fundación New Dissidents Foundation. Vladímir aceptó darme su apoyo y me facilitó su plataforma para que yo pudiera publicar la información sobre la guerra de Ucrania y el estado actual de las VDV. El día en el que se retransmitió mi primera entrevista en el canal de YouTube de Gulagu.net, publiqué el libro en mi página de Vkontakte, y Vladímir, a su vez, lo colgó en la página Gulagu.net.

Aunque yo era consciente del riesgo, tenía la esperanza de atraer la atención de los medios de comunicación y provocar una ola de indignación en la sociedad, para que el Gobierno se viera obligado a cumplir sus propias leyes. Si en Rusia se cumplieran las leyes de la propia Rusia, esta guerra no habría comenzado.

Tras la publicación, yo todavía permanecí durante tres semanas en el país, cambiando diariamente de ciudad, durmiendo cada noche en un sitio nuevo, porque temía que, en cualquier momento, me detuvieran y me acusaran de violar la nueva ley represora que penaliza «el descrédito del Ejército». A mediados de agosto fui a parar a Moscú, donde me cité con abogados y valoré qué hacer en adelante. No había hallado la respuesta social que esperaba con la publicación de mi relato. Se me había acabado el dinero. No sé de dónde saqué fuerzas entonces. Mi teléfono no paraba de vibrar, por los mensajes que me llegaban de rusos y ucranianos: «Lástima que no la hayas palmado en Ucrania», «Pasha, emigra, en Rusia no vas a conseguir nada», «Eres un traidor a la patria», «Gracias por haber contado la verdad»... Mi mando también me estuvo llamando, pero yo no le cogía el teléfono.

Para aquel entonces, Vladímir Oséchkin ya me había propuesto varias veces que me fuera de Rusia, a lo que yo me había negado. Estaba seguro de que si me iba, los propagandistas lo usarían en mi contra, diciendo que me había vendido a Occidente, que el libro me lo habían escrito en el ZIPsO,[1] que había sido captado por la CIA. Entonces me enteré, por una fuente anónima, de que el mando ya había completado mi expediente y pedía para mí, ante la fiscalía, quince años de cárcel. Fue en ese momento cuando fui plenamente consciente de que mis posibilidades de hacer cumplir las leyes a las autoridades eran nulas y de que, si me presentaba voluntariamente en la Fiscalía General Militar, no volvería a salir libre de allí...

En la pantalla del móvil seguían apareciendo mensajes de toda clase de personas, y me embargó un sentimiento de resignación y tristeza. Tenía la sensación de que, como en el juego de póquer, había querido hacer saltar la banca y había perdido. Tenía que aceptar la derrota. Me quedé varias horas en el hotel pensando en todo aquello. Estoy muy agradecido a todas las personas que, al conocer mi historia, me enviaron mensajes de apoyo...

Una enorme cantidad de personas de Rusia, Ucrania y de todo el mundo me escribieron y se pusieron en contacto conmigo por teléfono para intentar convencerme de que, de momento, era mejor que me fuera del país. Justamente gracias a esa gente pude ponerme a salvo. Fueron precisamente ellos quienes comenzaron a hacerme pequeñas transferencias de dinero, entre diez y cien rublos, gracias a las cuales logré por fin salir de Rusia. No tenía un plan claro: para empezar, tenía que conseguir viajar fuera del país. Una vez en el extranjero, me aguardaban aventuras en distintos países, la vigilancia por parte de los servicios secretos, la incertidumbre constante, lo cual me acabó llevando a solicitar asilo político en Francia, como antes de mí lo habían hecho Vladímir Oséchkin y otros miembros de New Dissidents Foundation.

Mi experiencia demuestra que si uno se propone hacer algo bueno, de forma desinteresada y sinceramente, la cantidad de personas maravillosas a su alrededor aumenta. Al ponerte en

1. Centro de Operaciones Sicológicas e Informativas de Ucrania.

contacto con esa clase de personas, Dios te tiende una mano para ayudar: lo importante es que actúes por motivos altruistas en vez de en beneficio propio. Lo he podido comprobar en numerosas ocasiones a lo largo de mi vida. Mientras estaba en el frente, hice a Dios la promesa de que, si sobrevivía, haría todo lo que estuviera en mi mano para detener la guerra. Y conseguí ponerme a salvo, con un daño mínimo para mi salud. Sin ser escritor, decidí publicar un libro en que narraría la realidad de la guerra, y ahora mi relato se puede leer en todo el mundo. Estaba dispuesto, en aras de la verdad, a dar mi vida y mi salud, y acabé siendo salvado de forma milagrosa.

Es por eso por lo que no quiero lucrarme con mi historia; los beneficios del libro serán destinados a las personas ucranianas víctimas de la guerra. Y también por la misma razón, este libro sombrío se lo dedico a todas las personas buenas, puras y desinteresadas. Lo dedico a judíos, ucranianos, rusos, franceses: a todos aquellos que han conservado pura su alma a pesar de los horrores de este mundo...

La divisa de las VDV es: «¡Nadie salvo nosotros!». Con esa misión, me decidí finalmente a salir del país, para seguir luchando, para reponer fuerzas y volver a Rusia en el momento oportuno. Por haber contado la verdad sobre el Ejército ruso y sobre la guerra, vivo bajo la amenaza de una condena no ya de quince, sino de treinta años de cárcel. Pero estoy seguro de que no se trata sino de los estertores del régimen de Putin que, después de haber estado oprimiendo durante todos estos años al pueblo ruso, ahora está destruyendo el país vecino. Nosotros, los disidentes rusos, debemos ayudar a nuestro país a derrocar el régimen, y cuando este caiga, volver y comenzar a construir una nueva Rusia, libre y próspera. Nadie salvo nosotros, los rusos, conseguirá ese cambio.

Inmediatamente antes de marcharme de Rusia, decidí llevar a cabo un antiguo plan mío: visitar la Catedral Principal de las

Fuerzas Armadas Rusas, en las afueras de Moscú. Como he mencionado antes, creo en Dios, pero soy escéptico con la Iglesia. Y resulta que los sacerdotes cristianos al servicio del Kremlin mandaron erigir, por encargo de la propaganda estatal, un templo ¡dedicado a la guerra! Nada de lo que pasa en Rusia de un tiempo a esta parte se puede calificar sino como «surrealista». En una ocasión, mientras estábamos en las trincheras, hablamos entre los compañeros de esa catedral. Entonces les dije que, si sobrevivía, la visitaría sin falta. De modo que, antes de intentar escapar de la «justicia» rusa, decidí que tenía que ir a ver la catedral con mis propios ojos. Una vez dentro, experimenté una extraña admiración por aquel edificio tétrico y lujoso, y repugnancia hacia las personas promotoras de su construcción: ¿qué se habían creído al profanar los valores cristianos básicos con el objetivo de manipular a la parte creyente de la población?

Mientras recorría el parque temático Patriot, en cuyo recinto estaba ubicada la Catedral Principal de las Fuerzas Armadas Rusas, no podía dejar de indignarme por la opulencia extrema del sitio, en contraste con el estado deplorable en que se encontraban los barracones y la plaza de armas de mi unidad, lo mismo que la mayoría de las carreteras rusas: daba la impresión de que era en ellas donde se estaba librando la guerra. En la catedral, pintada de color caqui, la imagen de Jesucristo, parecido a un ave fénix que resucita de sus cenizas, aparecía junto a un retrato en mosaico de Stalin y la gorra de Hitler (ambos se conservan en el museo militar, dentro de la catedral). También habían realizado un mosaico con imágenes de Putin, Shoigú y Matviyenko,[1] pero más tarde cambiaron de idea y lo desmontaron. Putin hizo a propósito el siguiente comentario: «Algún día, nuestros descendientes, agradecidos, valorarán debidamente nuestros méritos, pero todavía no ha llegado el momento».

En agosto de 2022, en plena invasión de Ucrania, la gente paseaba alegremente con sus hijos por la catedral y por el parque

---

1. Ludmila Matviyenko, política rusa.

temático que la rodea. Por la expresión de sus rostros, se notaba que casi ninguno de ellos había hecho el servicio militar. Los miles de soldados rusos muertos en Ucrania jamás habían visitado aquella catedral. La probabilidad de que alguno de los que combatían en Ucrania la visitara tras la guerra era ínfima. Aquel templo no fue construido para ellos sino para presentar a los moscovitas la guerra bajo una apariencia más amable, para que pudieran justificar y romantizar la muerte de sus conciudadanos en las guerras interminables. El poder manipula con éxito a la población, multiplicando construcciones de ese tipo y organizando innumerables actos patrióticos. Como en la antigua Roma, el objetivo del Gobierno moscovita pasa por suministrar a la gente pan y circo, para distraerla de lo que ocurre fuera de Moscú. Es fácil apoyar la guerra viendo vídeos propagandísticos sobre el poderío del Ejército ruso mientras estás a mil kilómetros del fango, la sangre y el hedor de la muerte. Es fácil apoyar la guerra cuando no conoces personalmente a ninguno que haya muerto en ella. La gente no se quiere dar cuenta de que, a causa de su indiferencia, la guerra puede acabar llamando a su puerta. Es lo que está pasando en septiembre de 2022, mientras escribo estas líneas.

Creo que Dios habla con nosotros a través de nuestra conciencia, pero, muy a menudo, hacemos oídos sordos. Mi conciencia me dice que hay que acabar la guerra. ¿Qué es lo que os dice vuestra conciencia?

PÁVEL FILÁTIEV, 2022

Agradecimientos

La versión en ruso de este libro se distribuye de forma gratuita, en fuentes de información de acceso libre. Lo que yo buscaba en primer lugar era revelar a mis conciudadanos la verdad sobre la guerra de Ucrania. Durante el mes posterior a la aparición del audiolibro *Zov* en YouTube, lo escucharon más de medio millón de personas. De un tiempo a esta parte, no son pocos los rusos que se niegan a ir a la guerra: estoy seguro de que también *Zov* tuvo cierto mérito de contribuir a que eso sucediera.

A continuación, quiero mencionar a las personas gracias a las cuales mi libro sale publicado en idiomas distintos al del original.

En primer lugar, quiero hacer mención del equipo de New Dissidents Foundation cuyos miembros son Vladímir Oséchkin, Denís Pshenichni y Serguéi Savéliev. Sin su inestimable ayuda, me habría quedado en Rusia engrosando las filas sin número de los presos políticos.

En segundo lugar, doy las gracias a Ksenia Zerkóvskaya, mi agente literaria de The Deborah Harris Agency, quien a pesar de los riesgos relacionados con la publicación de libros que tratan el difícil tema de la guerra me ofreció su colaboración cuando yo todavía me encontraba en Moscú, pocos días antes de mi fuga de Rusia.

También agradezco a mi abogada, Kamalia Mejtíeva de Barbier Mehtieva Law, doctora en Derecho, quien accedió desinteresadamente a prestarme ayuda jurídica durante mi estancia en el territorio francés.

Quiero hacer una mención especial del equipo editorial de Albin Michel, una de las casas editoriales más antiguas de Francia, que se ha encargado de la primera publicación autorizada de *Zov* a escala mundial, así como de las editoriales encargadas de su edición en Gran Bretaña, Alemania, Estados Unidos, Brasil, Dinamarca, Hungría, España, Países Bajos, Noruega, Polonia, Rumanía, Eslovaquia, Finlandia, Estonia.

Asimismo, doy las gracias a la gran cantidad de mis conciudadanos y de ciudadanos de Ucrania quienes me apoyaron moral y económicamente para que yo pudiera salvaguardar mi vida y hacer pública la verdad, tan ingrata para las autoridades rusas, sobre esa guerra.

Y, desde luego, estaré eternamente en deuda, por la concesión del asilo político, con la nación y el gobierno franceses que construyeron en su país una sociedad liberal y democrática, defensora de los valores inamovibles de la justicia y la libertad.